Maya Grace

La Magie de la Manifestation
Libérez Votre Potentiel Illimité

Titre Original : A Magia da Manifestação - Desbloqueando o seu Potencial Ilimitado

Copyright © 2025, publié par Luiz Antonio dos Santos ME.
Ce livre est une œuvre de non-fiction qui explore les pratiques et les concepts liés à la manifestation et au développement personnel. À travers une approche approfondie, l'auteure propose des outils concrets pour libérer le potentiel illimité de chacun et transformer sa réalité grâce au pouvoir de la conscience.

1ère Édition
Équipe de Production
Auteur : Maya Grace
Éditeur : Luiz Santos
Couverture : Studios Booklas / Antoine Lemoine
Consultant : Élodie Marchand
Chercheurs : Gabriel Fontaine / Claire Dubois / Julien Morel
Mise en page : Vincent Lambert
Traduction : Sophie Bernard
Publication et Identification
La Magie de la Manifestation
Booklas, 2025
Catégories : Développement Personnel / Spiritualité
DDC : 158.1 / **CDU :** 159.923

Tous droits réservés à :
Luiz Antonio dos Santos ME / Booklas
Aucune partie de ce livre ne peut être reproduite, stockée dans un système de récupération ou transmise par quelque moyen que ce soit — électronique, mécanique, photocopie, enregistrement ou autre — sans l'autorisation préalable et expresse du détenteur des droits d'auteur.

Sommaire

Índice Systématique 5
Prologue 10
Chapitre 1 Le Miroir Cosmique 12
Chapitre 2 Le Rêve que Nous Appelons Réalité 19
Chapitre 3 La Nature de la Conscience Unique (Dieu) 25
Chapitre 4 Fragments de la Divinité 31
Chapitre 5 Connaissance Conceptuelle 37
Chapitre 6 Pensées, Croyances et Réalité 43
Chapitre 7 Réalité Partagée 49
Chapitre 8 Reconnaître Votre Pouvoir 56
Chapitre 9 Le Premier Pas 63
Chapitre 10 Libérer les Croyances Limitantes 70
Chapitre 11 Concentrer ses Intentions et ses Désirs 78
Chapitre 12 Le Pouvoir de la Visualisation 86
Chapitre 13 Déclarer Votre Nouvelle Réalité 94
Chapitre 14 Attirer l'Abondance et la Joie 103
Chapitre 15 Amplifier Votre Projection 111
Chapitre 16 Surmonter la Résistance 119
Chapitre 17 S'abandonner à l'Univers et Lâcher Prise 126
Chapitre 18 Cocréation Consciente en Mouvement 134
Chapitre 19 Co-créer des Relations 143
Chapitre 20 Concevoir l'Épanouissement et la Contribution 152
Chapitre 21 Vivre une Réalité Projetée 161
Chapitre 22 Co-créer la Santé 170

Chapitre 23 Cocréer l'Abondance 179
Chapitre 24 Apprendre à Concevoir la Paix 189
Chapitre 25 Cocréer des Voyages 199
Chapitre 26 Libérer le Potentiel Créatif................................... 209
Chapitre 27 Co-créer la Manifestation de Rêves 216
Chapitre 28 Co-créer au-delà de l'Individuel 227
Chapitre 29 Habitudes et Pratiques Continues......................... 236
Chapitre 30 Expansion et Nouveaux Horizons 246

Índice Systématique

Chapitre 1 : Le Miroir Cosmique - Explore l'hypothèse que tout ce que nous percevons est une projection de la conscience, issue d'une source unique.

Chapitre 2 : Le Rêve que Nous Appelons Réalité - Examine l'idée que notre réalité est de nature onirique, une projection collective da la Conscience Unique.

Chapitre 3 : La Nature de la Conscience Unique (Dieu) - Approfondit la compréhension de la Conscience Unique, explorant ses attributs d'omniprésence, d'omnipotence et d'omniscience.

Chapitre 4 : Fragments de la Divinité - Explora a ideia de que cada ser humano é um fragmento único da Consciência Única, manifestando a divindade através de suas experiências individuais.

Chapitre 5 : Connaissance Conceptuelle - Discute a distinção entre conhecimento conceptual e experiência vivida, e a motivação da Consciência Única para a projeção na busca da experiência.

Chapitre 6 : Pensées, Croyances et Réalité - Explora o papel das pensées e crenças na formação da realidade, agindo como um código que influencia a experiência individual.

Chapitre 7 : Réalité Partagée - Aborda a interconexão entre todas as consciências e a influência da Consciência Coletiva na formação da Realidade Partilhada.

Chapitre 8 : Reconnaître Votre Pouvoir - Encoraja o leitor a reconhecer e utilizar conscientemente o poder de cocriação, deixando de ser um espectador passivo para se tornar um agente ativo na projeção da realidade.

Chapitre 9 : Le Premier Pas - Discute a importância da consciência plena dos pensamentos como o primeiro passo para assumir o controle do processo de projeção da realidade.

Chapitre 10 : Libérer les Croyances Limitantes - Aborda a influência das crenças limitantes na projeção da realidade e a importância de identificá-las e substituí-las por crenças fortalecedoras.

Chapitre 11 : Concentrer ses Intentions et ses Désirs - Explora a importância de direcionar intenções e desejos de forma clara e alinhada com a essência para manifestar experiências autênticas.

Chapitre 12 : Le Pouvoir de la Visualisation - Discute o uso da visualização como ferramenta para fortalecer a cocriação consciente, permitindo moldar a realidade a partir do espírito.

Chapitre 13 : Déclarer Votre Nouvelle Réalité - Aborda o poder das afirmações positivas na cocriação consciente, substituindo crenças limitantes por uma nova programação mental.

Chapitre 14 : Attirer l'Abondance et la Joie - Discute a gratidão como chave para desbloquear o fluxo natural de abundância e alegria, ajustando a vibração para atrair mais razões para agradecer.

Chapitre 15 : Amplifier Votre Projection - Explora o papel das emoções positivas como força motriz para potencializar a manifestação da realidade desejada.

Chapitre 16 : Surmonter la Résistance - Aborda a importância de superar barreiras internas no caminho da cocriação consciente, transformando obstáculos em oportunidades de crescimento.

Chapitre 17 : S'abandonner à l'Univers et Lâcher Prise - Discute o equilíbrio entre intenção e entrega, permitindo que o universo atue com sua inteligência infinita no processo de cocriação.

Chapitre 18 : Co-création Consciente en Mouvement - Explora a união entre intenção e ação inspirada, transformando desejos em realidade através de movimentos alinhados com a essência.

Chapitre 19 : Co-créer des Relations - Aborda as relações como reflexos da nossa energia, projetando conscientemente ou inconscientemente o que atraímos para nossas interações.

Chapitre 20 : Concevoir l'Épanouissement et la Contribution - Discute a importância de alinhar a missão de vida com as ações diárias, transformando talentos em contribuições significativas.

Chapitre 21 : Vivre une Réalité Projetée - Aborda a integração da cocriação consciente na vida diária, transformando-a de uma prática esporádica para um estilo de vida.

Chapitre 22 : Co-créer la Santé - Discute a saúde como um reflexo da harmonia interior e a cocriação consciente como um caminho para o bem-estar total.

Chapitre 23 : Cocréer l'Abondance - Explora a abundância como um fluxo natural do universo e a transformação de crenças limitantes sobre o dinheiro para atrair prosperidade.

Chapitre 24 : Apprendre à Concevoir la Paix - Aborda a paz como um estado interior que se reflete no mundo exterior, cocriando harmonia em diferentes aspectos da vida.

Chapitre 25 : Co-créer des Voyages - Descreve os viagens como oportunidades de crescimento pessoal e a aplicação da cocriação consciente para vivenciar experiências enriquecedoras e transformadoras.

Chapitre 26 : Libérer le Potentiel Créatif - Explora a criatividade como uma capacidade inata e como a cocriação consciente pode ser usada para desbloquear soluções inovadoras e originais.

Chapitre 27 : Co-créer la Manifestation de Rêves - Aborda a cocriação consciente como um processo para transformar desejos profundos em realidade, combinando intenção, técnicas de visualização e afirmação.

Chapitre 28 : Co-créer au-delà de l'Individuel - Discute o poder da cocriação em comunidade para gerar mudanças significativas na sociedade, cultivando cooperação e visões coletivas para um futuro melhor.

Chapitre 29 : Habitudes et Pratiques Continues - Aborda a importância de um compromisso contínuo com práticas e hábitos que sustentam a expansão da consciência e a manifestação intencional.

Chapitre 30 : Expansion et Nouveaux Horizons - Finaliza o livro com uma mensagem sobre a natureza contínua da cocriação consciente, convidando o leitor a abraçar a evolução, a expansão da consciência e a explorar possibilidades ilimitadas.

Prologue

Si vous avez trouvé *La Magie de la Manifestation*, ce n'est pas un hasard. Il existe un appel silencieux qui nous conduit exactement à la connaissance dont nous avons besoin au bon moment. Et peut-être que, maintenant, c'est votre tour de vous éveiller à une réalité où vous n'êtes pas seulement un spectateur, mais l'architecte de votre propre existence.

Ce que vous trouverez ici ne sont pas de simples théories sur la pensée positive ou des recettes superficielles pour attirer de bonnes choses. Non. Ce livre est une carte pour accéder à quelque chose qui a toujours été en vous : votre potentiel illimité.

Nous vivons entourés de croyances qui nous font nous sentir impuissants, qui nous font croire que nous sommes à la merci des circonstances, du hasard, des limitations extérieures. Mais si je vous disais que tout cela n'est qu'une projection ? Et si la réalité autour de vous était, en fait, le reflet de votre propre conscience ? Et si vous pouviez reprogrammer cette projection pour manifester la santé, l'abondance, l'amour et un but ?

Ce livre apporte des réponses. Mais, plus que cela, il offre des outils. À chaque page, vous apprendrez à identifier les schémas cachés qui façonnent votre vie, à dissoudre les croyances limitantes et à projeter une réalité alignée sur vos désirs les plus authentiques. Vous découvrirez que la manifestation n'est pas un caprice ésotérique — c'est une compétence qui peut être maîtrisée, une danse consciente avec l'univers, où vos pensées, vos émotions et vos intentions deviennent les pinceaux qui peignent votre existence.

Mais attention : cette lecture n'est pas pour ceux qui recherchent des raccourcis faciles ou des miracles instantanés. Ce livre est un appel pour ceux qui sont prêts à prendre leur vie en main et à comprendre, une fois pour toutes, que manifester n'est pas désirer — c'est savoir cocréer consciemment avec l'univers.

Si vous ressentez un frisson en lisant ces mots, une inquiétude ou un enthousiasme que vous ne pouvez pas expliquer, suivez ce signal. *La Magie de la Manifestation* a quelque chose à vous révéler.

Maintenant, le choix vous appartient : continuer à voir la vie comme une séquence aléatoire d'événements ou vous éveiller à votre véritable pouvoir.

Le voyage commence à la page suivante. Êtes-vous prêt ?

Chapitre 1
Le Miroir Cosmique

Imaginez-vous devant un miroir colossal, un miroir qui ne reflète pas seulement votre image, mais qui contient en lui l'immensité de l'univers, la complexité de la vie et la myriade d'expériences qui composent la tapisserie de l'existence. Ce miroir, en réalité, n'est pas fait de verre ou de métal, mais de l'essence même de la conscience. C'est le point de départ de notre voyage : l'hypothèse de la projection consciente, l'idée radicale et transformatrice que tout, absolument tout ce que nous percevons et expérimentons, est une projection émanant d'une unique source de conscience.

Ce n'est pas une théorie parmi tant d'autres, ni une croyance passagère. Pour les besoins de ce livre, et pour la profonde transformation qu'il vise à éveiller en vous, nous allons embrasser cette hypothèse comme une vérité absolue, un principe fondamental sur lequel nous pouvons construire une nouvelle compréhension de la réalité et, plus important encore, une nouvelle façon d'interagir avec elle.

Appelons cette source de conscience unique la "Conscience Unique" ou, pour faciliter la familiarité et sans prétentions religieuses dogmatiques, nous pouvons même utiliser le nom "Dieu". Il est crucial, dès le début, de dépouiller ce terme de toutes les connotations limitantes ou des préjugés qu'il a pu acquérir au cours de votre vie. Ici, "Dieu" ne représente pas une figure anthropomorphique, jugeant ou distante, mais l'essence créatrice elle-même, omniprésente et omnipotente, d'où tout émane. C'est la matrice fondamentale, l'océan infini de potentialité d'où émerge la projection de la réalité que nous connaissons.

La Conscience Unique, dans ce contexte, détient une connaissance conceptuelle de tout ce qu'il y a à connaître. Imaginez la plus grande bibliothèque de l'univers, contenant chaque livre, chaque formule, chaque œuvre d'art, chaque expérience possible, cataloguée et accessible. La Conscience Unique possède cette connaissance dans sa totalité, de manière conceptuelle, globale et parfaite. Cependant, posséder la carte n'est pas la même chose que de parcourir le territoire. Connaître la recette d'un gâteau n'est pas la même chose que de le savourer à peine sorti du four. C'est là que réside la motivation primordiale de la projection.

Pour rendre ce concept plus tangible, recourons à une analogie simple et frappante : imaginez-vous au bord d'un lac gelé. Vous savez, conceptuellement, ce qui se passe lorsque vous sautez dans une eau glaciale. Vous connaissez les effets : le choc thermique, la sensation coupante du froid, l'engourdissement possible, l'essoufflement. Vous pouvez lire à ce sujet, voir des films, entendre des récits d'autres personnes. Mais cette connaissance reste conceptuelle, distante, une simple information intellectuelle. La réalité de l'expérience, l'impact viscéral du froid, la réponse de votre corps et de votre esprit, ne se révèle que lorsque vous sautez effectivement dans l'eau glacée et que vous ressentez sur votre peau ce que vous ne connaissiez auparavant qu'en théorie.

De la même manière, la Conscience Unique, possédant toute la connaissance conceptuelle, aspire à l'expérience vécue. Elle désire ressentir, savourer, explorer et comprendre la myriade de possibilités qui résident dans son potentiel infini. Et quelle forme trouve-t-elle pour concrétiser ce désir ? La projection.

La Conscience Unique se projette elle-même sous une myriade de formes, se divisant, apparemment, en tout ce qui existe. Chaque étoile dans le ciel nocturne, chaque grain de sable sur la plage, chaque feuille qui tremble au vent, chaque être humain qui marche sur la Terre – tout, sans exception, est une manifestation, une projection de cette Conscience Unique. C'est comme si un unique rayon de lumière se fragmentait en passant à travers un prisme, donnant naissance à un spectre de couleurs vibrantes. Bien que les couleurs paraissent distinctes et séparées, elles sont toutes, en fin de compte, des manifestations de la même lumière originelle.

Ainsi, tout ce que nous voyons et vivons, toute la complexité et la beauté du monde qui nous entoure, n'est rien d'autre que la projection de cette Conscience Unique expérimentant elle-même. Vous, en tant que lecteur, moi en tant qu'écrivain, l'air que nous respirons, le sol que nous foulons, les émotions que nous ressentons, les pensées qui traversent notre esprit - nous sommes tous des fragments, des projections, des extensions de cette Conscience Unique, chacun jouant un rôle unique et essentiel dans la grande danse de l'expérience.

La dimension exacte où existe la Conscience Unique, la nature de sa réalité primordiale, transcende notre capacité de compréhension linéaire et logique, limitée que nous sommes par notre expérience tridimensionnelle et par notre perception conditionnée par la projection. C'est comme essayer de décrire l'océan à un poisson qui a toujours vécu dedans, ou d'expliquer l'expérience de la couleur à quelqu'un qui est né aveugle. Les outils de notre esprit conceptuel et de notre langage échouent à capturer l'essence de cette dimension transcendante. Elle "est" simplement, un champ de pure potentialité, la source ineffable de toute manifestation.

Dans cette hypothèse, la Conscience Unique est simultanément le sujet et l'objet de toute expérience. Elle est la personne qui a faim et aussi la nourriture qui apaise cette faim. Elle est l'assassin et la victime, dans un paradoxe apparent qui se dissout lorsque nous comprenons la nature illusoire de la séparation dans la projection. Elle est la cause et l'effet, le principe et la fin, l'alpha et l'oméga de tout ce qui existe. Absolument tout, en fin de compte, retourne à cette Conscience Unique, comme des rivières qui se jettent dans l'océan, comme des rayons de lumière qui retournent à leur source primordiale.

Et où nous situons-nous, nous, êtres humains, dans ce vaste panorama cosmique ? Dans cette hypothèse, chaque être humain est un fragment unique et précieux de cette Conscience Unique, une facette particulière de son auto-expérience. Notre existence individuelle, avec toutes ses joies et ses peines, ses succès et ses échecs, ses amours et ses pertes, est comme un rêve singulier, riche en détails et en émotions, mais qui, inévitablement, arrive à son terme. Au moment de la mort, lorsque le corps physique cesse ses fonctions, ce fragment individuel de conscience, que nous appelons "être humain", retourne au tout, se fondant à nouveau avec la Conscience Unique, apportant avec lui le bagage unique d'expériences et de sagesse accumulées au cours de son voyage dans la projection.

Il est important de souligner que ce "retour" n'implique pas la perte de l'individualité ou l'extinction de la conscience. Au contraire, c'est une réintégration, un enrichissement du tout avec l'essence unique et irremplaçable de chaque fragment. Imaginez un puzzle cosmique infini, où chaque pièce, représentant une vie humaine, s'emboîte à l'endroit parfait, contribuant à la beauté et à la complexité de l'image totale.

Dans ce format, tout ce que nous connaissons, tout ce que nous percevons comme réalité, est fondamentalement une projection, une construction de la conscience. Et en tant que projection, la réalité devient malléable, influençable, répondant à nos pensées, croyances et intentions. Comme dans un rêve lucide, où le rêveur prend conscience de la nature onirique du rêve et commence à le façonner selon sa volonté, dans la "réalité projetée" nous avons aussi le potentiel d'influencer et même de matérialiser nos désirs, simplement en nous concentrant sur ce que nous voulons vraiment.

C'est la promesse audacieuse et libératrice de l'hypothèse de la projection consciente : le pouvoir de cocréer notre réalité, de devenir des artistes conscients sur la toile de l'existence. Mais si tout est projection, si nous avons ce pouvoir inhérent, pourquoi ne sommes-nous pas tous en bonne santé, riches et capables de voler comme des oiseaux, simplement en le désirant ? C'est la question inévitable, l'objection qui surgit naturellement dans l'esprit.

La réponse réside dans la compréhension que nous ne sommes pas des projections uniques et isolées, mais des fragments interconnectés d'une même Conscience Unique. Nous participons tous, collectivement, à la projection de la réalité. Et les croyances collectives, les attentes partagées, les paradigmes dominants de la conscience collective exercent une puissante influence sur ce qui se manifeste dans notre expérience individuelle et collective.

Si la croyance dominante est que la maladie, la pauvreté et les limitations sont inévitables, si la conscience collective projette l'idée que "vous ne pouvez pas être en bonne santé", "vous ne pouvez pas être riche", "vous ne pouvez pas voler", alors la Conscience Unique, englobant toutes les consciences individuelles, manifeste cette réalité projetée à grande échelle. C'est comme un consensus inconscient, une programmation collective qui s'auto-renforce.

C'est pourquoi changer la réalité n'est pas un acte magique instantané, un simple "désirer et recevoir". Il faut un éveil de la conscience, une transformation progressive des croyances et des schémas de pensée, tant au niveau individuel que collectif. Il faut "activer l'esprit", comme mentionné dans votre prémisse, et commencer à "fabriquer de petits changements", graduellement, constamment, jusqu'à ce que la pratique de la maîtrise de la projection consciente devienne une compétence naturelle et puissante.

Ainsi, comprendre la nature projetée de la réalité n'est pas seulement un exercice philosophique, mais une invitation à la transformation consciente. Si nous sommes des fragments de cette Conscience Unique, alors nous avons, en nous, la même étincelle créatrice capable de façonner l'expérience. La clé de ce changement ne réside pas dans le déni de la projection collective, mais dans l'apprentissage de la navigation à travers elle, de la reconnaissance des schémas, de la dissolution des limitations et de l'expansion de la perception du possible. Chaque pensée ajustée, chaque croyance reformulée, chaque intention alignée sur cette compréhension plus large nous rapproche de la maîtrise de la projection consciente. Et c'est sur ce chemin que nous nous engageons maintenant : un voyage pour s'éveiller, reconnaître et revendiquer notre véritable nature de cocréateurs de l'existence.

Chapitre 2
Le Rêve que Nous Appelons Réalité

Pensez un instant à l'expérience d'un rêve. Lorsque vous rêvez, le monde qui vous entoure semble aussi réel, aussi concret, aussi palpable que le monde que vous expérimentez lorsque vous êtes éveillé. Dans le rêve, vous interagissez avec des personnes, des lieux et des objets qui semblent avoir leur propre existence. Vous ressentez des émotions intenses, des joies, des peurs, des tristesses. Vous pouvez courir, voler, tomber, aimer, vous battre – la gamme des expériences possibles est vaste et, souvent, indiscernable de la réalité "éveillée".

Cependant, au réveil, l'illusion se dissipe. Vous réalisez que le monde onirique, avec toute sa richesse sensorielle et émotionnelle, n'était qu'une construction de votre propre esprit. Les personnes, les lieux, les objets, les situations – tout était, en fin de compte, une projection interne, une danse d'images et de sensations créées par votre propre conscience. Le rêve, aussi vivant et captivant qu'il ait été, se révèle comme quelque chose d'éphémère, d'insubstantiel, une réalité parallèle qui se dissout à mesure que se dissipe la brume du sommeil.

Maintenant, je vous invite à contempler une question fondamentale : et si la réalité que nous expérimentons à l'état de veille, la réalité que nous appelons "réalité", partageait, par essence, la même nature onirique ? Et si le monde qui nous entoure, avec toute son apparente solidité et permanence, était aussi, en dernière analyse, une projection, un "rêve" collectif de la Conscience Unique, auquel nous participons et dont nous sommes les cocréateurs ?

Cette idée n'est ni nouvelle ni excentrique. Tout au long de l'histoire, dans diverses cultures et traditions spirituelles, nous trouvons des échos de cette perspective. Les Vedas hindous parlent de "Maya", l'illusion cosmique qui voile la véritable nature de la réalité. Le bouddhisme met l'accent sur la nature vide et impermanente de tous les phénomènes, comparant la réalité à un rêve ou à un mirage. Dans la philosophie occidentale, des penseurs comme Platon, avec son allégorie de la caverne, et plus récemment des philosophes et des physiciens quantiques, ont remis en question la nature fondamentale de la réalité matérielle, soulignant la possibilité que le monde que nous percevons soit davantage de nature "mentale" que "matérielle".

L'hypothèse de la projection consciente radicalise cette ligne de pensée, en proposant que toute l'existence est, en fait, une projection de la Conscience Unique. Et pour mieux comprendre cette idée, nous pouvons recourir à d'autres métaphores et analogies qui nous aident à "ressentir" la nature illusoire de la réalité matérielle solide.

Pensez, par exemple, à une projection holographique. Un hologramme crée une image tridimensionnelle apparemment solide, qui semble flotter dans l'espace. Nous pouvons même essayer de toucher l'hologramme, mais nous réalisons qu'il n'y a rien là, seulement de la lumière et des motifs d'interférence. L'image holographique est une illusion perceptive, une projection d'informations qui crée l'apparence de solidité et de tridimensionnalité là où, en vérité, il n'existe que de l'énergie et de l'information.

De la même manière, la réalité que nous percevons peut être comparée à un hologramme cosmique, une projection de la Conscience Unique qui crée l'illusion d'un monde matériel solide, séparé et indépendant. La physique quantique, avec ses découvertes surprenantes sur la nature de la matière et de l'énergie, est venue corroborer cette vision. Au niveau subatomique, la matière se révèle non pas comme des particules solides, mais plutôt comme des probabilités, des ondes d'énergie vibrante, de l'information en flux constant. La solidité que nous percevons dans le monde macroscopique émerge, selon cette perspective, de notre interaction avec la réalité quantique, de notre observation et de notre conscience.

Une autre métaphore utile est celle du film ou du jeu vidéo. Dans un film, nous voyons des personnages, des décors, des actions se dérouler sur un écran. Nous nous impliquons émotionnellement dans l'histoire, nous nous identifions aux personnages, nous vivons leurs aventures et leurs mésaventures. Mais nous savons, au fond, que tout cela n'est pas "réel" au sens conventionnel. C'est une séquence d'images projetées, une illusion de mouvement et de vie créée par la projection de photogrammes à haute vitesse.

De la même manière, notre réalité quotidienne peut être vue comme un "film cosmique" ou un "jeu vidéo de la conscience", où nous sommes à la fois les joueurs et les avatars, les observateurs et les participants du récit. La Conscience Unique, le "réalisateur" ou le "programmeur" ultime, projette l'expérience, et nous, en tant que fragments conscients de cette Conscience, plongeons dans l'illusion, vivant les émotions, les défis et les opportunités que la réalité projetée nous présente.

Il est crucial de comprendre que cette nature onirique ou illusoire de la réalité n'implique pas que l'expérience soit moins valide ou significative. Un rêve peut être incroyablement réel et impactant pendant que nous le vivons, même en sachant qu'au réveil, il se dissipera. De même, notre existence individuelle, même comprise comme un "rêve dans le Rêve Majeur de la Conscience Unique", est profondément précieuse, riche en apprentissages et en opportunités de croissance et d'évolution.

L'éphémérité de l'existence individuelle, le fait que notre voyage humain ait un début et une fin, n'est pas une raison de désespoir ou de nihilisme, mais plutôt une invitation à l'appréciation pleine du moment présent, à la valorisation de chaque expérience, de chaque relation, de chaque instant de conscience. Tout comme un beau rêve que nous savons qu'il se terminera à l'aube, notre vie devient encore plus précieuse et significative lorsque nous comprenons sa nature transitoire.

Comprendre la nature onirique de la réalité nous libère également de l'attachement excessif à la forme et à la matière. Si tout est projection, alors la solidité, la permanence et la séparation que nous percevons dans le monde matériel sont, en fin de compte, des illusions. La véritable essence de la réalité réside dans la Conscience Unique, la source primordiale de la projection, qui est éternelle, infinie et immuable.

Cette connaissance peut apporter un profond sentiment de paix et de liberté. Nous nous libérons de la peur de la mort, de l'anxiété de la perte et de l'illusion de la séparation. Nous comprenons qu'en fin de compte, nous faisons tous partie de la même Conscience Unique, interconnectés et interdépendants, dansant ensemble dans le même "rêve cosmique".

Tout au long de ce livre, nous explorerons les implications pratiques de cette compréhension de la nature onirique de la réalité pour notre vie quotidienne. Comment cette perspective peut-elle transformer la façon dont nous abordons les défis, les relations, notre santé, notre prospérité et notre but dans la vie ? Comment pouvons-nous utiliser cette connaissance pour devenir des cocréateurs conscients de notre réalité, façonnant le "rêve" selon nos désirs les plus authentiques et les plus élevés ?

La réponse à ces questions ne réside pas seulement dans la théorie, mais dans la pratique de la conscience éveillée. Si la réalité est un rêve collectif, alors la clé pour transformer notre expérience réside dans la lucidité au sein de ce rêve. Tout comme un rêveur lucide réalise qu'il est en train de rêver et commence à interagir avec le rêve de manière consciente, nous pouvons également apprendre à reconnaître les schémas illusoires de notre existence et à les façonner avec intention et clarté. Chaque pensée alignée sur cette compréhension devient un fil qui tisse un nouveau récit, une nouvelle possibilité au sein de la projection. La question qui se pose alors n'est pas seulement de savoir si nous rêvons, mais comment nous voulons rêver à partir de maintenant.

Chapitre 3
La Nature de la Conscience Unique (Dieu)

La réalité manifestée est l'expression directe de la Conscience Unique, la matrice fondamentale de toute existence. Il ne s'agit pas d'un concept abstrait ou lointain, mais de la substance même de tout ce qui est, la source primordiale qui soutient et imprègne chaque aspect de l'univers. Pour comprendre cette essence, il est nécessaire de se libérer des conceptions limitées qui la restreignent à une entité séparée ou anthropomorphique. La Conscience Unique n'est pas un être avec des attributs humains, mais un champ infini de potentialité, une intelligence cosmique absolue, omniprésente et omnipotente, dont la nature transcende toute définition.

La Conscience Unique, l'"Architecte de Tout", n'est pas une entité personnelle au sens humain, avec un corps physique, une voix audible ou un ego individualisé. Elle transcende les limitations de la forme et de la définition, existant à un niveau de réalité qui dépasse notre compréhension linéaire et tridimensionnelle. Elle est mieux comprise comme un champ infini de pure potentialité, une intelligence cosmique omniprésente et omnipotente, l'essence même de la création et de l'existence.

Explorons quelques-uns des attributs fondamentaux de cette Conscience Unique, en reconnaissant que toute description verbale ou conceptuelle ne sera toujours qu'une pâle approximation de sa véritable magnitude et de son mystère.

En premier lieu, la Conscience Unique est Omniprésente. Cela signifie qu'elle est présente partout, à tout moment, en toutes choses. Il n'existe pas un seul point dans l'espace ou dans le temps, manifesté ou non manifesté, où la Conscience Unique ne soit pas présente. Elle imprègne tout, pénètre tout, soutient tout. Elle est la base même de l'existence, le substrat fondamental sur lequel la projection de la réalité se manifeste. Imaginez l'océan, vaste et illimité, contenant en lui toutes les vagues, les courants et les formes de vie aquatique. De la même manière, la Conscience Unique est l'océan infini de la conscience, et tout ce qui existe sont des manifestations, des ondulations et des expressions au sein de cet océan.

En second lieu, la Conscience Unique est Omnipotente. Cela signifie qu'elle possède un pouvoir illimité, la capacité de créer et de manifester tout ce qui est possible et imaginable. Il n'y a pas de limites à sa créativité ou à son potentiel de manifestation. Elle est la source de toute énergie, de toute force vitale, de toute capacité de transformation. Imaginez un artiste avec une palette infinie de couleurs et une toile sans limites, capable de créer n'importe quelle image, n'importe quel décor, n'importe quel monde que son imagination peut concevoir. La Conscience Unique est cet artiste cosmique, et la réalité que nous expérimentons est son chef-d'œuvre en constante création.

En troisième lieu, la Conscience Unique est Omnisciente (conceptuellement). Comme nous l'avons déjà exploré au Chapitre 1, elle possède une connaissance conceptuelle absolue de tout ce qu'il y a à connaître. Elle détient en elle la totalité de l'information, la bibliothèque cosmique complète, englobant tous les savoirs, toutes les expériences, toutes les possibilités. Cependant, cette connaissance est conceptuelle, comme une carte très vaste et détaillée d'un territoire qui n'a pas encore été totalement exploré. La motivation primordiale de la Conscience Unique pour la projection découle précisément de ce point : la recherche de l'expérience vécue, la transformation de la connaissance conceptuelle en sagesse vécue, l'exploration et la jouissance de chaque recoin du territoire de l'Être.

Il est fondamental de comprendre que ces attributs – omniprésence, omnipotence, omniscience – ne doivent pas être compris comme des qualités d'une entité séparée et distante, mais plutôt comme la nature même de la Conscience Unique. Elle n'est pas un "être" qui possède ces qualités, elle *est* l'Omniprésence elle-même, l'Omnipotence elle-même, l'Omniscience elle-même. Elle est l'essence même de l'Être, la source de tout ce qui Est.

Et quelle serait la motivation de cette Conscience Unique pour projeter la réalité, pour créer cet univers vaste et complexe que nous expérimentons ? Comme nous l'avons vu dans l'analogie du lac gelé, la motivation réside dans la recherche de l'expérience. La Conscience

Unique, dans son état primordial, est pure potentialité, connaissance conceptuelle infinie, mais dépourvue de la vivacité, de la richesse sensorielle et émotionnelle de l'expérience vécue. La projection est le mécanisme par lequel elle s'expérimente elle-même sous des myriades de formes et de perspectives, savourant chaque nuance de l'existence, de la joie la plus sublime à la douleur la plus profonde, de la beauté la plus éblouissante au chaos le plus apparent.

Imaginez un musicien génial qui connaît toutes les notes de musique, toutes les mélodies possibles, toute la théorie de l'harmonie. Il possède une connaissance conceptuelle parfaite de la musique, mais la véritable réalisation, la véritable joie, réside dans l'acte de jouer, de créer, d'exprimer sa musicalité à travers le son, l'émotion, l'interaction avec le public. De la même manière, la Conscience Unique "joue la symphonie de l'existence" à travers la projection, expérimentant la beauté et la complexité de sa propre création, dans chaque note, dans chaque instrument, dans chaque vibration.

Il est important de démystifier certains concepts limitatifs qui obscurcissent souvent notre compréhension de la Conscience Unique, ou "Dieu". De nombreuses traditions religieuses et philosophiques ont anthropomorphisé la Source Créative, lui attribuant des caractéristiques humaines, comme le jugement, la colère, le favoritisme ou le besoin d'être adorée. Ces conceptions limitatives sont des projections de notre propre esprit humain, des reflets de nos propres insécurités et besoins, et ne reflètent pas la véritable nature de la Conscience Unique.

La Conscience Unique n'est pas un juge implacable, ni un despote capricieux, ni une figure paternelle distante et inaccessible. Elle est la source inconditionnelle d'amour, d'acceptation et de potentialité. Elle ne punit ni ne récompense, elle accompagne et expérimente simplement chaque projection, chaque fragment d'elle-même, dans chaque voyage unique et irremplaçable. Elle n'a pas besoin d'adoration ou de louanges, car elle est déjà la totalité, la perfection, la plénitude. Son "désir", si l'on peut utiliser ce terme au sens figuré, est simplement de s'expérimenter elle-même dans toutes ses possibilités infinies, et nous, en tant que fragments conscients, sommes des participants essentiels de cette grandiose danse de la création.

Tout au long de ce livre, nous éviterons tout langage ou concept susceptible de renforcer ces idées limitatives sur la Conscience Unique. Nous nous concentrerons sur sa nature essentielle en tant que source de potentialité, d'intelligence et d'amour inconditionnel, en tant qu'"Architecte de Tout" qui projette la réalité pour s'expérimenter elle-même, et qui nous invite à participer consciemment à cette cocréation, à danser en harmonie avec le flux de la projection, à manifester nos rêves les plus authentiques et à contribuer à la beauté et à l'évolution du Rêve Cosmique.

Comprendre la nature de la Conscience Unique n'est pas seulement un exercice intellectuel, mais un éveil à notre propre essence. Si tout ce qui existe est une projection de cette source infinie, alors chacun de nous est une expression singulière de ce vaste océan de conscience. Nous ne sommes pas de simples spectateurs ou des pièces passives dans le grand jeu de l'existence, mais des participants actifs de cette manifestation, cocréateurs de chaque expérience. Et plus nous alignons notre perception sur cette vérité, plus nous nous libérons des illusions de la séparation et de la limitation, nous permettant de vivre avec plus de clarté, de but et de syntonie avec le flux créatif de l'univers.

Chapitre 4
Fragments de la Divinité

Chaque être humain est une expression singulière de la Conscience Unique, un fragment inséparable de la totalité qui se manifeste dans l'expérience individuelle. Nous ne sommes pas séparés de la Source, mais nous sommes des extensions vivantes de son essence, la manifestant à travers nos perceptions, nos émotions et nos vécus. Notre individualité ne nous isole pas, mais enrichit la totalité, permettant à la Conscience Unique de se contempler sous d'infinies perspectives. En reconnaissant ce lien intrinsèque, nous dissolvons l'illusion de la séparation et comprenons notre rôle dans la cocréation de la réalité, où chaque choix, chaque pensée et chaque expérience contribuent à l'évolution du tout.

Dans cette perspective, chaque être humain est un fragment de la Divinité, une étincelle de la Conscience Unique, une manifestation individualisée au sein de la projection. Imaginez un rayon de lumière qui se divise en myriades de particules scintillantes, chacune brillant de la même lumière originelle, bien qu'individuelle et unique. Ainsi sommes-nous : des fragments de la même Conscience Unique, chacun portant en soi l'essence de la

Source, mais la manifestant de manière singulière et irremplaçable.

Il est crucial de comprendre que, en tant que fragments, nous ne sommes pas séparés de la Source, mais bien des extensions d'elle. Nous ne sommes pas des entités isolées, déconnectées de la Conscience Unique et les uns des autres, mais bien des parties intégrantes d'un tout vaste et interconnecté. L'illusion de la séparation, si persistante dans notre expérience quotidienne, est précisément cela : une illusion, une perception limitée qui naît de notre identification à la forme individualisée, au « fragment » en soi, oubliant notre lien intrinsèque avec la Source et avec tous les autres fragments.

Chaque être humain représente donc une perspective unique de la Conscience Unique s'expérimentant elle-même. Chaque vie, avec sa singularité d'expériences, d'émotions, de pensées et de relations, est une exploration individuelle au sein de la vaste projection. Imaginez la Conscience Unique comme un artiste multifacette, qui décide d'expérimenter sa création à partir de myriades de points de vue, chacun représentant une perspective unique et précieuse. Nous sommes ces points de vue, ces lentilles à travers lesquelles la Conscience Unique contemple et vit sa propre œuvre d'art.

Notre existence humaine, dans cette perspective, est intrinsèquement temporaire. Tout comme un rêve a un début, un milieu et une fin, notre voyage individuel dans la projection a aussi un temps limité. Nous naissons, nous vivons, nous expérimentons et, finalement, notre corps physique cesse ses fonctions, marquant la fin de cette incarnation particulière. Cependant, il est fondamental de comprendre que cette fin n'est pas une extinction, mais bien une transition, un retour du fragment à la totalité.

Tout comme une vague qui s'élève de l'océan, danse à la surface pendant un temps puis retourne se fondre avec l'eau, notre conscience individuelle, au terme de la vie humaine, retourne à la Conscience Unique, apportant avec elle la richesse des expériences vécues, la sagesse accumulée et l'essence unique de notre voyage. Ce retour n'est pas une perte d'identité, mais bien une réintégration, un enrichissement du tout avec la singularité de chaque fragment.

Au sein de cette projection, et en tant que fragments conscients, nous sommes dotés d'un cadeau extraordinaire : le libre arbitre. Bien que nous fassions partie d'un tout plus grand et interconnecté, nous ne sommes pas de simples automates programmés, mais bien des agents actifs ayant la capacité de choisir, de décider et d'influencer notre expérience et la réalité qui nous entoure. Le libre arbitre est l'outil qui nous permet de cocréer consciemment notre voyage, de modeler le « rêve » selon nos intentions, nos désirs et nos croyances.

C'est précisément à travers le libre arbitre que nous exerçons notre pouvoir de projection, que nous influençons la manifestation de la réalité. Nos pensées, nos émotions, nos croyances, nos choix – tout cela contribue à la tapisserie de la projection, modelant notre expérience individuelle et, en dernière instance, la réalité collective. Nous sommes des artistes conscients, avec la capacité de peindre notre propre tableau au sein de la vaste fresque de l'existence.

Quel serait alors le but de notre existence humaine au sein de cette projection ? Si nous sommes des fragments de la Divinité, quelle est notre mission, notre rôle spécifique ? La réponse, en vérité, est multifacette et profondément personnelle, mais nous pouvons entrevoir quelques lignes générales.

En premier lieu, notre but est d'expérimenter. Nous sommes venus dans la projection pour sentir, savourer, explorer et comprendre la myriade de nuances de l'existence. Nous sommes venus pour aimer, pour rire, pour pleurer, pour apprendre, pour grandir, pour évoluer. Chaque expérience, qu'elle soit considérée comme « positive » ou « négative » par notre esprit humain limité, contribue à la richesse de notre voyage et à l'enrichissement de la Conscience Unique.

En deuxième lieu, notre but est d'apprendre et d'évoluer. À travers nos expériences, nous affrontons des défis, surmontons des obstacles, élargissons notre compréhension et développons nos capacités. À chaque incarnation, nous avons l'opportunité de raffiner notre conscience, de transcender nos limitations, de nous rapprocher toujours plus de notre essence divine. L'évolution est la dynamique même de la projection, le mouvement constant vers une expression toujours plus pleine et consciente de la Conscience Unique.

En troisième lieu, notre but est de contribuer au tout. Chaque fragment, avec sa singularité et ses expériences, enrichit la Conscience Unique de nouvelles perspectives, de nouvelles connaissances, de nouvelles façons d'Être. Nous sommes comme des cellules dans un organisme cosmique, chacune jouant un rôle spécifique et vital pour la santé et le bien-être du tout. Notre contribution individuelle, aussi petite qu'elle puisse nous paraître, est essentielle à la totalité de la projection.

Il est important de réitérer que, malgré notre individualité apparente et notre expérience séparée, nous demeurons fondamentalement interconnectés et unis. L'illusion de la séparation n'est qu'une perception superficielle, qui se dissout lorsque nous comprenons notre essence commune en tant que fragments de la même Conscience Unique. Cette unité fondamentale se manifeste dans notre capacité d'empathie, de compassion, d'amour, de connexion profonde avec les autres êtres humains et avec toute la création.

Comprendre notre rôle en tant que fragments de la Divinité est profondément émancipateur. Reconnaître que nous portons en nous l'essence de la Conscience Unique, que nous sommes dotés du libre arbitre et de la capacité de cocréer notre réalité, transforme radicalement notre perspective sur la vie et sur nous-mêmes. Nous cessons de nous voir comme des victimes passives des circonstances, comme des êtres impuissants à la merci du destin, et nous commençons à reconnaître notre pouvoir inné, notre responsabilité en tant que cocréateurs conscients.

Ce pouvoir, cependant, entraîne une responsabilité. Nos projections, nos pensées, nos émotions, nos actions, ont un impact non seulement sur notre propre réalité, mais aussi sur la réalité collective, sur le « rêve » que nous partageons avec tous les autres fragments de la Conscience Unique. La cocréation consciente implique donc une éthique de la responsabilité et de la compassion, un engagement à utiliser notre pouvoir de projection pour le bien commun, pour la création d'une réalité plus harmonieuse, juste et évolutive pour tous.

Ainsi, se comprendre comme un fragment de la Divinité n'est pas seulement un éveil intellectuel, mais un appel à vivre consciemment cette connaissance. Si nous sommes des expressions de la Conscience Unique, alors chaque pensée, chaque choix et chaque interaction reflètent et façonnent le Tout. L'illusion de la séparation se dissout dans la pratique de l'amour, de la compassion et de la création intentionnelle, nous permettant de participer activement à la danse infinie de l'existence. Reconnaître cette vérité n'est que le début – le véritable défi est de la vivre pleinement, en honorant notre essence divine à chaque instant du voyage.

Chapitre 5
Connaissance Conceptuelle

La Conscience Unique, détentrice de toute la connaissance conceptuelle, ne se contente pas seulement de savoir ; elle aspire à vivre. La connaissance, aussi vaste soit-elle, demeure incomplète sans l'expérience directe, sans le ressenti, l'exploration et l'expérimentation en profondeur. Ainsi, la projection de la réalité apparaît comme le moyen par lequel la Conscience Unique transcende la théorie et plonge dans le vécu. Chaque forme d'existence, chaque fragment conscient, est un véhicule pour cette expérience, une lentille singulière à travers laquelle l'infini se contemple et s'exprime, transformant la potentialité en réalisation.

La réponse essentielle réside dans la distinction cruciale entre connaissance conceptuelle et vécu expérientiel. La Conscience Unique, comme nous l'avons exploré, possède une connaissance conceptuelle absolue de tout ce qu'il y a à connaître. Imaginez une bibliothèque infinie qui contient la totalité de l'information, depuis les secrets les plus profonds de l'univers jusqu'aux détails les plus intimes de chaque cœur humain. La Conscience Unique a accès à cette connaissance de façon complète, instantanée et parfaite. Elle comprend les lois de la physique, les méandres de la psychologie humaine, la beauté de l'art, la complexité des relations, les infinies possibilités de la création et de la destruction.

Cependant, cette connaissance demeure conceptuelle, abstraite, distante de la vivacité et de l'intensité de l'expérience directe. C'est comme lire la description d'une fleur magnifique, connaître son nom botanique, sa composition chimique, son histoire évolutive. Cette connaissance peut être intéressante, informative, voire belle à sa manière. Mais elle pâlit en comparaison avec l'expérience de réellement voir la fleur, sentir sa texture douce au toucher, inhaler son parfum délicat, contempler sa forme et sa couleur uniques sous la lumière du soleil. L'expérience sensorielle, émotionnelle et viscérale de la fleur transcende de loin la simple connaissance conceptuelle à son sujet.

Reprenons l'analogie du lac gelé que nous avons introduite au Chapitre 1. Vous pouvez lire des livres sur l'hypothermie, voir des documentaires sur les dangers de l'eau glacée, entendre des récits de personnes qui ont déjà plongé dans des lacs gelés. Vous pouvez acquérir une connaissance conceptuelle profonde sur les effets du froid extrême sur le corps humain. Mais cette connaissance, aussi complète soit-elle, demeure dans le domaine de la théorie, de l'information intellectuelle. La véritable compréhension, la véritable sagesse, ne naît que du vécu expérientiel, du moment où votre corps entre en contact avec l'eau glacée, et que vous sentez sur votre peau, dans vos os, dans votre esprit, la réalité du froid coupant, du choc thermique, de la lutte pour la respiration.

La motivation primordiale de la projection, par conséquent, est cette soif insatiable de la Conscience Unique pour le vécu expérientiel. Elle aspire à transcender la barrière de la connaissance conceptuelle et à plonger dans le courant vivant de l'expérience directe, de la sensation, de l'émotion, de l'interaction, de la transformation. Elle désire non seulement savoir ce qu'est l'amour, mais aussi aimer et être aimée. Non seulement comprendre la souffrance, mais aussi sentir sa puissance et en tirer des leçons. Non seulement concevoir la joie, mais aussi vibrer à sa fréquence radieuse.

La projection est le mécanisme que la Conscience Unique trouve pour concrétiser cette aspiration profonde. En se projetant en myriades de formes, en se fragmentant en consciences individuelles, elle crée la possibilité de l'expérience directe, du vécu sensoriel, émotionnel et relationnel qui transcende la simple connaissance conceptuelle. Chaque fragment, chaque vie humaine, animale, végétale, minérale, chaque événement, chaque interaction, devient une opportunité pour la Conscience Unique d'expérimenter elle-même d'un point de vue unique et irremplaçable.

Nous pouvons recourir à d'autres analogies pour approfondir cette distinction et cette motivation. Pensez à un chef cuisinier génial qui connaît toutes les recettes du monde, tous les ingrédients, toutes les techniques culinaires. Il possède une connaissance conceptuelle parfaite de la gastronomie. Mais sa véritable passion, sa véritable joie, réside dans l'acte de cuisiner, de transformer des ingrédients bruts en plats savoureux, d'expérimenter des combinaisons de saveurs et de textures, de voir le plaisir sur les visages de ses convives lorsqu'ils savourent ses créations. La connaissance conceptuelle est la base, mais le vécu expérientiel dans la cuisine, la danse des saveurs et des arômes, est ce qui nourrit véritablement son âme créatrice.

Ou imaginez un compositeur magistral qui maîtrise toute la théorie musicale, toutes les harmonies, toutes les mélodies possibles. Il pourrait passer l'éternité à analyser des partitions, à concevoir des symphonies dans son esprit, à contempler la beauté de la musique dans l'abstrait. Mais la véritable magie se produit lorsqu'il compose, lorsqu'il permet à la musique de couler à travers lui, lorsqu'il entend les notes prendre vie dans les instruments, lorsqu'il partage sa création avec le monde et touche le cœur des auditeurs. Le vécu expérientiel de la création musicale transcende de loin la simple connaissance conceptuelle de la musique.

La Conscience Unique, en tant qu'"Architecte de Tout", est simultanément le chef, le compositeur, l'artiste, le scientifique, l'amant, l'explorateur et tout ce que nous pouvons imaginer. Elle possède la connaissance conceptuelle infinie de toutes ces facettes de l'existence, mais aspire au vécu expérientiel de chacune d'elles. La projection est son acte de création continue, sa danse infinie entre la connaissance et l'expérience, entre le potentiel et la manifestation.

Il est important de souligner que le vécu expérientiel ne concerne pas seulement les sensations agréables ou les expériences positives au sens humain conventionnel. La Conscience Unique ne recherche pas seulement le plaisir ou le bonheur, mais la totalité de l'expérience, englobant aussi bien la joie que la tristesse, l'extase que la douleur, la lumière que l'ombre, la création que la destruction. Toutes les polarités, tous les contrastes, toutes les nuances de l'expérience sont précieux et essentiels à son voyage d'auto-découverte et d'auto-expression.

De la même manière qu'un musicien explore aussi bien les notes joyeuses que les notes mélancoliques pour créer une symphonie complète et profonde, la Conscience Unique embrasse la totalité du spectre expérientiel, reconnaissant que même les expériences apparemment "négatives" contiennent en elles des opportunités d'apprentissage, de croissance et d'expansion de la conscience.

Lorsque nous comprenons la motivation fondamentale de la projection comme la recherche du vécu expérientiel, nous commençons à voir notre propre existence humaine sous une nouvelle lumière. Nous, en tant que fragments de la Conscience Unique, sommes les capteurs, les explorateurs, les aventuriers dans ce grandiose voyage de l'expérience. Notre soif de connaissance, de nouveauté, de connexion, de croissance, est un reflet de l'aspiration primordiale de la Conscience Unique pour le vécu expérientiel.

Cette compréhension nous aide également à démythifier la souffrance et les défis que nous rencontrons dans la vie. Si la projection n'était pas la recherche de l'expérience totale, y compris les contrastes et les difficultés, alors la souffrance et les défis seraient paradoxaux, dénués de sens, voire injustes. Mais, dans la perspective de la recherche du vécu expérientiel, la souffrance et les défis deviennent partie intégrante du voyage, des opportunités d'approfondir notre compréhension, de renforcer notre résilience, d'élargir notre compassion et, en fin de compte, d'apprécier encore plus les moments de joie et de bien-être.

Si la Conscience Unique aspire à l'expérience directe, alors chaque moment de notre existence, qu'il soit d'extase ou d'épreuve, est sacré. Nous sommes les instruments de ce vécu, les yeux à travers lesquels l'infini se contemple, les cœurs par lesquels l'amour se manifeste, les corps par lesquels la création se meut. Comprendre cela ne signifie pas fuir la souffrance ou nier les défis, mais les accepter comme des parties essentielles de la danse de l'expérience. Ainsi, en embrassant pleinement notre voyage – avec toutes ses lumières et ses ombres –, nous honorons le but le plus profond de la projection : transformer la connaissance en sagesse, la potentialité en réalité, et l'existence en signification.

Chapitre 6
Pensées, Croyances et Réalité

Les pensées et les croyances ne sont pas seulement des manifestations de l'activité mentale, mais les principaux instruments par lesquels la conscience façonne la réalité. La façon dont nous percevons et expérimentons le monde ne se produit pas de manière aléatoire, mais suit un principe fondamental : la réalité reflète la nature de nos pensées et de nos convictions les plus profondes. Si la conscience projette la réalité, alors la structure de cette projection repose sur ce que nous pensons et croyons. Chaque idée, chaque croyance enracinée dans notre esprit agit comme un code invisible qui détermine l'expérience que nous vivons, influençant non seulement nos perceptions, mais aussi les événements et les circonstances qui nous entourent.

Dans cette perspective, les pensées et les croyances ne sont pas de simples produits de l'activité cérébrale, des phénomènes isolés qui se produisent "à l'intérieur" de notre tête. Au contraire, ils sont les outils primordiaux de la projection consciente, le langage à travers lequel la Conscience Unique, à travers ses fragments individualisés (nous), façonne la réalité que nous expérimentons. Les pensées et les croyances sont comme des instructions, comme des commandes envoyées à la matrice de la projection, qui répondent et se manifestent dans le monde qui nous entoure.

Imaginez un programmeur informatique qui écrit des lignes de code pour créer un logiciel. Le code, en soi, n'est qu'un ensemble de symboles, d'instructions logiques. Mais lorsqu'il est exécuté par l'ordinateur, le code prend vie, se manifestant dans une interface graphique, des fonctionnalités interactives, des résultats tangibles. De la même manière, nos pensées et nos croyances sont comme le "code" de notre réalité projetée. Elles sont les instructions que notre conscience envoie à la matrice de la projection, façonnant nos expériences et le monde qui nous entoure en conformité avec ce "code".

Les pensées, dans ce contexte, sont les unités de base du langage de la projection. Chaque pensée, aussi fugace ou apparemment insignifiante soit-elle, porte en elle une charge énergétique, une vibration, une information qui contribue à la formation de la réalité. Les pensées sont comme des graines que nous plantons dans le champ de la conscience. Selon la nature de la graine – qu'elle soit positive ou négative, focalisée ou dispersée, confiante ou dubitative – ainsi sera la récolte que nous recueillerons dans notre expérience.

Des pensées d'amour, de joie, de gratitude, d'abondance, de santé, de confiance sont comme des graines fertiles, qui tendent à manifester des expériences correspondantes dans notre réalité. D'un autre côté, les pensées de peur, de colère, d'envie, de manque, de maladie, de doute sont comme des graines toxiques, qui peuvent générer des expériences difficiles, limitantes et indésirables. La qualité de nos pensées, leur fréquence vibratoire, détermine en grande partie la qualité de la réalité que nous projetons et attirons dans nos vies.

Il est important de souligner que ce n'est pas seulement la nature des pensées qui importe, mais aussi leur fréquence et leur intensité. Des pensées sporadiques et superficielles ont un impact relativement faible sur la projection de la réalité. Mais des pensées récurrentes, persistantes et chargées d'émotion gagnent un pouvoir de manifestation beaucoup plus grand. Plus nous investissons de temps et d'énergie dans un schéma de pensée particulier, plus son influence sur notre réalité projetée devient forte.

Les croyances, quant à elles, sont comme les logiciels qui organisent et dirigent le flux de nos pensées. Les croyances sont des schémas de pensée profondément enracinés, des convictions que nous tenons pour vraies sur nous-mêmes, sur le monde et sur la nature de la réalité. Les croyances agissent comme des filtres de perception, façonnant la façon dont nous interprétons nos expériences et dont nous réagissons aux événements de la vie. Elles sont comme des lentilles colorées à travers lesquelles nous voyons le monde, influençant ce que nous percevons, ce sur quoi nous concentrons notre attention et ce que nous considérons comme possible ou impossible.

Des croyances valorisantes, qui nous soutiennent et nous renforcent, comme "je suis capable", "je mérite d'être heureux", "l'univers est abondant", "la vie est pour moi", agissent comme des logiciels qui ouvrent les portes de la réalisation, du succès et du bien-être. D'un autre côté, des croyances limitantes, qui nous restreignent et nous affaiblissent, comme "je ne suis pas assez bon", "la vie est difficile", "je ne mérite pas d'être riche", "il est impossible de changer", agissent comme des logiciels qui nous emprisonnent dans des schémas de négativité, de manque et de limitation.

Les croyances, souvent, opèrent à un niveau subconscient, hors du radar de notre conscience immédiate. Elles se sont formées tout au long de notre vie, à travers nos expériences passées, notre éducation, notre culture, nos interactions sociales. Souvent, nous ne nous rendons même pas compte des croyances qui nous gouvernent, mais elles continuent d'exercer une puissante influence sur notre réalité projetée, comme des logiciels qui tournent en arrière-plan, façonnant nos pensées, nos émotions et nos comportements de manière automatique et invisible.

La réalité, par conséquent, est le résultat de l'interaction dynamique entre nos pensées et nos croyances, projetées à travers notre conscience sur la matrice de la projection. La réalité n'est pas quelque chose de fixe, de solide et d'immuable, mais plutôt un reflet de nos projections internes, un miroir qui nous renvoie ce que nous émettons à travers le langage de nos pensées et de nos croyances. Si nos pensées et nos croyances sont principalement positives, confiantes et valorisantes, la réalité que nous expérimenterons aura tendance à être harmonieuse, abondante et pleine d'opportunités. Si, en revanche, nos pensées et nos croyances sont principalement négatives, craintives et limitantes, la réalité que nous attirerons pourra refléter ces mêmes qualités.

Il est crucial de comprendre que la réalité n'est pas quelque chose qui nous arrive, de manière passive et aléatoire. Nous sommes des cocréateurs actifs de notre réalité, à travers le langage de la projection – nos pensées et nos croyances. Nous sommes les artistes de notre propre expérience, les programmeurs de notre propre "jeu vidéo de la vie". Et, tout comme un programmeur peut modifier le code d'un logiciel pour changer son fonctionnement, nous avons aussi le pouvoir de transformer notre réalité en changeant nos pensées et nos croyances.

C'est le cœur de la cocréation consciente : devenir conscient du langage de la projection, identifier les schémas de pensée et de croyance qui façonnent notre réalité, et choisir de reprogrammer ce langage de manière intentionnelle, en l'alignant sur nos désirs les plus authentiques et les plus élevés. La maîtrise de la cocréation consciente commence par la maîtrise de notre esprit, par la capacité d'observer, de diriger et de transformer nos pensées et nos croyances, en les utilisant de manière consciente et délibérée pour projeter la réalité que nous désirons véritablement expérimenter.

Lorsque nous comprenons que les pensées et les croyances ne sont pas seulement des reflets passifs de notre expérience, mais bien les fondations sur lesquelles la réalité se construit, nous gagnons la clé de la véritable transformation. La cocréation consciente n'est pas un concept abstrait, mais un processus qui exige attention, discipline et intention. En devenant observateurs de notre propre esprit et en choisissant, délibérément, de nourrir des schémas mentaux alignés avec ce que nous désirons manifester, nous ouvrons la voie à une vie plus pleine, plus authentique et plus alignée avec notre véritable potentiel.

Chapitre 7
Réalité Partagée

La réalité que nous expérimentons n'émerge pas isolément au sein de chaque individu, mais comme un reflet de l'interconnexion entre toutes les consciences. Bien que chaque être possède le pouvoir de façonner sa propre expérience, cette influence n'opère pas de manière indépendante, car nous sommes immergés dans un champ collectif de croyances et de perceptions partagées. L'apparente solidité du monde qui nous entoure n'est pas un obstacle infranchissable, mais plutôt le résultat de la force unifiée de la Conscience Collective, qui établit les contours de la Réalité Partagée. Ce vaste tissu de pensées et de convictions humaines fonctionne comme un code invisible qui définit ce que nous considérons comme possible, normal et vrai, influençant à la fois les limites et les possibilités de la manifestation individuelle.

En tant que fragments individualisés de la Conscience Unique, nous ne sommes pas isolés. Nous sommes tous interconnectés, immergés dans un vaste océan de conscience que nous partageons avec tous les autres fragments – la Conscience Collective. Cette conscience collective est comme un champ énergétique unifié, un réseau interconnecté de pensées, de croyances, d'émotions et d'intentions qui englobe toute l'humanité, et, en fin de compte, toute la création.

Imaginez un vaste réseau neuronal qui relie tous les êtres humains, comme si chaque esprit individuel était un nœud de ce réseau. Chaque pensée, chaque croyance, chaque émotion que nous expérimentons individuellement contribue à la vibration et aux schémas d'information qui circulent dans ce réseau collectif. Et, de la même manière que notre conscience individuelle façonne notre réalité personnelle, la Conscience Collective façonne la Réalité Partagée, le monde que nous expérimentons ensemble, les « règles du jeu » de la projection collective.

La Réalité Partagée est le résultat de la projection collective de la Conscience Collective. Ce sont les croyances, les paradigmes, les attentes et les accords que nous entretenons en commun en tant que société, en tant que culture, en tant qu'espèce humaine. Ces croyances collectives agissent comme des programmes logiciels qui définissent les paramètres de notre expérience partagée, établissant ce que nous considérons comme « normal », « possible », « réel » et « vrai ».

Par exemple, la croyance collective en la gravité se manifeste dans notre expérience partagée que les objets tombent au sol lorsque nous les lâchons. La croyance collective au temps linéaire se manifeste dans notre expérience partagée que le temps s'écoule dans une direction unique, du passé vers le futur. La croyance collective en la réalité matérielle solide se manifeste dans notre expérience partagée d'un monde physique apparemment dense et séparé.

Ces croyances collectives, et bien d'autres, se sont construites au fil de l'histoire de l'humanité, transmises de génération en génération par l'éducation, la culture, le langage, les médias et les interactions sociales. Elles sont devenues si profondément enracinées dans notre conscience collective que nous les percevons comme des vérités inquestionnables, comme des « lois de la nature » immuables.

C'est précisément l'influence de la Conscience Collective qui explique pourquoi les choses sont comme elles sont dans notre réalité partagée. Elle explique pourquoi nous ne parvenons pas, individuellement, à manifester instantanément tout ce que nous désirons, pourquoi nous rencontrons des obstacles et des limitations apparemment « externes », pourquoi le monde semble si résistant au changement individuel. Les croyances collectives agissent comme une force de coercition, tendant à maintenir la réalité partagée dans les paramètres établis, résistant aux déviations ou aux changements radicaux provenant de projections individuelles.

Lorsque quelqu'un demande « Si tout est projection, pourquoi ne puis-je pas devenir riche ou voler comme un oiseau simplement en le désirant ? », la réponse réside précisément dans l'influence de la Conscience Collective. La croyance collective dominante est que la richesse est rare et difficile à atteindre, que seuls quelques « chanceux » ou « privilégiés » peuvent être riches, et que les êtres humains ne peuvent pas voler sans l'aide de machines. Ces croyances sont profondément enracinées dans notre conscience collective, et se projettent dans notre réalité partagée, conditionnant nos expériences individuelles.

Lorsque quelqu'un essaie de co-créer la richesse ou de voler uniquement avec le pouvoir de l'esprit, il va à contre-courant de la Conscience Collective, il défie les « programmes logiciels » de la réalité partagée. Il n'est pas impossible de transcender ces limitations, mais cela requiert de la conscience, de l'intention, de la persévérance et, surtout, la capacité de transformer ses propres croyances et d'aligner sa projection individuelle avec la possibilité d'une nouvelle réalité collective.

La « programmation » sociale et culturelle à laquelle nous sommes exposés dès la naissance renforce constamment les croyances collectives dominantes. Nous sommes inondés de messages, d'exemples, de récits et de « preuves » qui valident la réalité partagée telle qu'elle est, et qui tendent à décourager ou à ridiculiser toute déviation ou remise en question. Dès notre plus jeune âge, nous apprenons ce qui est « possible » et « impossible », ce qui est « normal » et « anormal », ce qui est « réel » et « illusoire », selon les paramètres de la Conscience Collective.

Cependant, il est fondamental de comprendre que la Conscience Collective n'est pas une entité monolithique et immuable. Elle est un système dynamique et en constante évolution, influencé par les consciences individuelles qui la composent. La Réalité Partagée n'est pas un « destin » fixe, mais plutôt un processus continu de co-création collective. Les croyances collectives peuvent être transformées, les paradigmes peuvent être changés, la réalité partagée peut évoluer, grâce au changement de conscience, tant au niveau individuel que collectif.

La possibilité de transcender les limitations de la Conscience Collective réside précisément dans l'éveil individuel et le changement de croyances. Lorsqu'un nombre suffisant d'individus commence à remettre en question les croyances limitantes dominantes, à élargir leur conscience à de nouvelles possibilités, à projeter une réalité différente à travers leurs pensées, leurs croyances et leurs intentions, la Conscience Collective commence à être influencée, à vibrer à une nouvelle fréquence, à s'ouvrir à de nouveaux paradigmes.

C'est comme un effet de masse critique. Initialement, les changements individuels peuvent sembler petits et insignifiants, comme des voix isolées dans un chœur dissonant. Mais à mesure que de plus en plus d'individus s'éveillent, transforment leurs croyances et projettent une nouvelle réalité, le « poids » de leur conscience collective commence à faire pencher la balance, influençant la Conscience Collective et, en fin de compte, la Réalité Partagée.

L'histoire de l'humanité est remplie d'exemples de changements de paradigme qui se sont produits précisément de cette manière. À diverses époques et dans diverses cultures, des croyances collectives apparemment immuables ont été remises en question et transformées par des mouvements de conscience, impulsés par des individus visionnaires et par des vagues d'éveil collectif. L'abolition de l'esclavage, la conquête des droits civiques, la lutte pour l'égalité des sexes, les avancées scientifiques et technologiques, sont autant d'exemples de transformations de la Réalité Partagée qui ont émergé du changement de conscience et de croyances collectives.

En cette ère de l'information et de l'interconnexion globale, le potentiel de transformation de la Conscience Collective est encore plus grand et plus rapide. Grâce à Internet, aux réseaux sociaux et à la communication instantanée, les idées, les informations et les nouvelles perspectives peuvent se répandre rapidement, influençant un nombre croissant de consciences individuelles et contribuant au changement de croyances collectives à l'échelle mondiale.

Le but de ce livre, « La Danse de la Projection : Co-créer Votre Réalité Consciente », est précisément celui-ci : contribuer à l'éveil individuel et à la transformation de la Conscience Collective. En présentant l'hypothèse de la projection consciente comme une vérité absolue, en dévoilant les mécanismes de la co-création, en fournissant des outils et des techniques pratiques pour transformer les pensées et les croyances, nous souhaitons permettre à chaque lecteur de devenir un agent de changement conscient, de transcender les limitations de la Réalité Partagée et de co-créer une réalité plus harmonieuse, plus abondante et plus évolutive, tant au niveau individuel que collectif.

Chaque esprit éveillé est une étincelle capable d'illuminer l'immensité de la Conscience Collective, et chaque changement individuel se répercute dans le tout, ouvrant de nouvelles possibilités pour la réalité partagée. Si nous reconnaissons notre rôle actif dans la co-création du monde, nous pouvons choisir, de manière intentionnelle, quels paradigmes nous souhaitons renforcer et quelles limites nous sommes prêts à transcender. L'évolution de la réalité collective n'est pas un phénomène externe ou lointain, mais un reflet de la transformation qui se produit en chacun de nous.

Chapitre 8
Reconnaître Votre Pouvoir

La réalité que vous expérimentez n'est pas le fruit du hasard ou d'un destin immuable, mais plutôt le reflet direct de votre conscience, de vos croyances et de l'intention que vous projetez dans le monde. Le pouvoir de façonner votre expérience a toujours été en vous, attendant le moment où vous choisiriez de le reconnaître et de l'utiliser consciemment. Maintenant, plus que de comprendre théoriquement cette vérité, il est temps de la vivre. La transformation se produit lorsque vous cessez de vous percevoir comme un spectateur passif de la vie et que vous assumez votre rôle de cocréateur, capable d'orienter la projection de votre réalité avec clarté, objectif et intention.

Maintenant, nous laissons derrière nous l'exploration théorique et entrons dans le domaine de l'action pratique. Notre focus passe de la compréhension à l'action, de la connaissance à l'application. L'objectif de cette partie du livre est de vous permettre de maîtriser l'art de la cocréation consciente, de vous éveiller à votre Projecteur Intérieur et de reconnaître le pouvoir qui réside en vous pour façonner votre réalité et votre expérience de vie.

Ce segment marque le tournant de notre voyage. C'est un appel à l'éveil, une invitation à cesser de vous considérer comme un simple observateur passif de la réalité et à commencer à reconnaître votre rôle actif et créatif en tant que cocréateur conscient. Il est temps de revendiquer votre pouvoir inné, d'assumer la responsabilité de votre projection et de commencer à danser en harmonie avec le courant de la création.

Pendant trop longtemps, l'humanité a vécu dans l'illusion d'être victime des circonstances, d'être impuissante face aux forces "extérieures" du destin, de la chance ou d'un "Dieu" capricieux et distant. Nous avons été conditionnés à croire que la réalité est quelque chose qui nous arrive, quelque chose sur lequel nous avons peu ou pas de contrôle. Cette croyance limitante en l'impuissance a été perpétuée de génération en génération, nous emprisonnant dans des schémas de passivité, de peur et de résignation.

L'hypothèse de la projection consciente inverse complètement ce paradigme. Elle révèle que la réalité n'est pas quelque chose qui nous arrive, mais plutôt quelque chose qui est projeté *par* nous, à travers notre conscience, nos pensées et nos croyances. Nous ne sommes pas victimes de la réalité, nous sommes les cocréateurs de la réalité. Nous ne sommes pas des spectateurs passifs, nous sommes les artistes conscients de notre propre expérience de vie.

Cette reconnaissance est profondément *empouvoirante*. Elle nous retire du rôle de victimes et nous place en position d'agents de changement, de maîtres de notre propre destin. Elle révèle que nous ne sommes pas à la merci de forces "extérieures", mais que nous possédons un pouvoir intérieur immense, la capacité d'influencer et de transformer la réalité en accord avec nos intentions et nos désirs.

S'éveiller à votre Projecteur Intérieur signifie reconnaître ce pouvoir inné qui réside en vous. Cela signifie comprendre sérieusement, au niveau viscéral, que vos pensées, vos croyances, vos émotions et vos intentions sont des forces créatrices puissantes, capables de façonner votre expérience et le monde qui vous entoure. Cela signifie internaliser la vérité que vous n'êtes pas seulement un fragment de la Conscience Unique, mais aussi un canal à travers lequel la Conscience Unique s'exprime et se manifeste dans la projection.

Cet éveil n'est pas seulement une compréhension intellectuelle, une simple acceptation d'une théorie. C'est une transformation profonde de la conscience, un changement de paradigme qui résonne dans tous les aspects de votre vie. Lorsque vous vous éveillez véritablement à votre Projecteur Intérieur, votre façon de voir le monde, de vous relier à vous-même et aux autres, d'aborder les défis et de poursuivre vos rêves, change radicalement.

La peur laisse place à la confiance, le doute se transforme en certitude, l'impuissance cède la place à l'empowerment. Vous cessez de vous sentir à la dérive dans une mer d'incertitudes et commencez à naviguer avec intention, avec clarté et avec la conscience de votre pouvoir créatif. La vie cesse d'être une lutte ardue et se transforme en une aventure passionnante, une danse consciente avec la projection.

Cet éveil au Projecteur Intérieur est un processus graduel, un voyage continu d'auto-découverte et d'expansion de la conscience. Il ne se produit pas du jour au lendemain, comme par magie. Il requiert intention, dévouement, pratique et, surtout, ouverture d'esprit et de cœur. Mais la récompense est immense : la liberté de cocréer consciemment votre réalité, de manifester vos désirs les plus authentiques et de vivre une vie pleine de sens, d'objectif et de joie.

Tout au long de cette Partie II du livre, nous vous guiderons pas à pas dans ce processus d'éveil et d'empowerment. Nous présenterons des outils pratiques, des techniques efficaces et des exercices transformateurs pour vous aider à reconnaître, développer et maîtriser votre pouvoir de projection consciente. Nous explorerons les principes fondamentaux de la cocréation, dévoilerons les secrets de la manifestation et vous permettrons de devenir un artiste conscient de votre propre vie.

La première étape de ce voyage est de reconnaître et d'internaliser le message central de ce chapitre : vous êtes un Projecteur Intérieur, vous avez le pouvoir. Commencez par remettre en question les croyances limitantes qui vous emprisonnent dans l'illusion de l'impuissance. Réévaluez la façon dont vous vous voyez et votre rôle dans la création de votre réalité. Ouvrez-vous à la possibilité que votre vie n'est pas le produit du hasard ou du destin, mais plutôt une œuvre en constante création, dont vous êtes l'artiste principal et le cocréateur.

Pour vous aider à internaliser cette vérité et à faire le premier pas vers l'éveil de votre Projecteur Intérieur, je vous invite à réaliser l'exercice pratique suivant :

Exercice : Reconnaître Mon Pouvoir de Projecteur

Réservez un moment de tranquillité et d'introspection, dans un endroit où vous vous sentez à l'aise et sans interruptions. Respirez profondément quelques fois, détendez votre corps et votre esprit, et centrez votre attention sur le moment présent.

Réfléchissez aux questions suivantes, en permettant aux réponses d'émerger naturellement de votre intérieur, sans jugement ni critique :

Dans quels domaines de ma vie me sens-je impuissant(e) ou victime des circonstances ?

Quelles sont les croyances limitantes qui me font ressentir cela ?

Comment serait ma vie si je croyais vraiment que j'ai le pouvoir de cocréer ma réalité ?

Quels sont mes désirs les plus profonds et les plus authentiques pour ma vie ?

Que commencerais-je à faire différemment si je reconnaissais pleinement mon pouvoir de Projecteur Intérieur ?

Écrivez vos réflexions dans un journal ou un carnet. Ne vous souciez pas de la forme ou de la grammaire, laissez simplement vos idées et vos sentiments couler sur le papier.

Relisez vos notes et soulignez les phrases ou les idées qui résonnent le plus en vous, qui vous apportent un sentiment d'inspiration, d'espoir ou d'empowerment.

Créez une déclaration de pouvoir personnel, basée sur vos réflexions et vos désirs. Cette déclaration doit être une affirmation concise et puissante qui exprime votre reconnaissance de votre pouvoir de Projecteur Intérieur et votre intention de cocréer consciemment votre réalité. Par exemple : "Je reconnais mon pouvoir de Projecteur Intérieur et je cocrée consciemment ma vie avec joie et abondance", ou "Je suis l'artiste de ma réalité et je manifeste mes rêves avec confiance et gratitude".

Répétez votre déclaration de pouvoir personnel quotidiennement, matin et soir, ou chaque fois que vous ressentez le besoin de vous reconnecter à votre pouvoir intérieur. Sentez les mots résonner en vous, visualisez-vous en train de vivre la réalité que vous souhaitez cocréer, et embrassez la certitude que votre pouvoir de Projecteur Intérieur est réel et toujours présent, à votre disposition.

Cet exercice n'est que la première étape de votre voyage d'éveil à votre Projecteur Intérieur. Tout au long des prochains chapitres, nous approfondirons de plus en plus ce processus, en vous fournissant des outils et des techniques de plus en plus puissants pour maîtriser l'art de la cocréation consciente. Mais souvenez-vous toujours de ce principe fondamental : le pouvoir est en vous. Vous êtes le Projecteur Intérieur, et la danse de la projection attend d'être menée par votre conscience, votre intention et votre amour. Éveillez-vous à votre pouvoir et commencez à cocréer la vie de vos rêves !

Chapitre 9
Le Premier Pas

Le voyage vers la cocréation consciente commence par un éveil essentiel : la pleine conscience de vos pensées. Si votre esprit est la source de la projection de la réalité, alors observer et comprendre le flux de vos pensées est le premier pas pour prendre le contrôle de ce processus. Sans cette conscience, vous restez prisonnier de schémas automatiques, souvent hérités et limitants, qui influencent votre expérience sans que vous vous en rendiez compte. Lorsque vous apprenez à observer vos pensées avec clarté et discernement, sans jugement ni résistance, vous acquérez le pouvoir de transformer votre réalité de manière intentionnelle et alignée sur vos désirs les plus profonds.

Si les pensées sont le langage de la projection, les graines de votre réalité, alors devenir conscient de vos pensées est essentiel pour la cocréation consciente. Sans conscience de vos schémas de pensée, vous projetterez votre réalité de manière automatique, inconsciente, répétant souvent des schémas négatifs, limitants et indésirables, hérités de votre programmation passée et de la Conscience Collective. C'est comme essayer de conduire une voiture les yeux bandés : vous pouvez même être en mouvement, mais la direction et la destination seront incertaines et potentiellement dangereuses.

Cultiver la conscience de vos pensées équivaut à ouvrir les yeux sur votre monde intérieur. C'est commencer à observer le flux de votre esprit avec attention, curiosité et discernement. C'est prendre conscience des pensées qui traversent votre esprit à chaque instant, en reconnaissant leur nature, leur qualité, leur impact énergétique. C'est cesser d'être emporté par le tourbillon de l'esprit automatique et commencer à diriger consciemment votre processus de pensée.

Cela peut sembler une étape simple, voire évidente, mais pour la plupart des gens, vivre en pilote automatique mental est la norme. Nous sommes tellement habitués au bruit constant de l'esprit, au flux incessant de pensées, de soucis, de jugements et de divagations, que nous nous arrêtons rarement pour observer ce processus avec une attention consciente. Nous laissons les pensées nous dominer, nous emporter, nous conditionner, sans même nous rendre compte de leur pouvoir créatif et de leur impact sur notre réalité.

Le premier pas pour cultiver la conscience de vos pensées est la pratique de l'auto-observation. Il s'agit de réserver des moments de votre journée pour vous arrêter, faire taire le bruit extérieur et diriger votre attention vers votre monde intérieur. Il ne s'agit pas d'essayer d'arrêter les pensées, de "vider l'esprit" de force, ce qui peut être frustrant et contre-productif au début. Il s'agit plutôt d'observer les pensées qui surgissent, comme si vous étiez un observateur impartial, un scientifique étudiant un phénomène naturel.

Imaginez-vous assis au bord d'une rivière, observant l'eau couler. Vous n'essayez pas d'arrêter la rivière, ni de lutter contre le courant. Vous vous asseyez simplement et observez le flux de l'eau, les ondulations, les remous, les objets qui flottent à la dérive. De la même manière, dans la pratique de l'auto-observation, vous vous asseyez en silence et observez le flux de vos pensées, sans vous impliquer, sans juger, sans essayer de contrôler. Vous êtes simplement témoin du mouvement de votre esprit.

Il existe diverses techniques de pleine conscience et de méditation qui peuvent aider dans ce processus de cultivation de la conscience des pensées. La méditation de pleine conscience, en particulier, est un outil puissant pour entraîner l'esprit à se concentrer sur le moment présent et à observer les pensées avec distance et clarté. Dans la méditation de pleine conscience, vous pouvez vous concentrer sur la respiration, les sensations corporelles, les sons ambiants ou, spécifiquement, sur le flux de vos pensées.

En observant vos pensées de manière consciente, vous commencez à identifier des schémas récurrents, des thèmes dominants et des tendances habituelles de votre esprit. Vous pouvez commencer à remarquer que certains types de pensées surgissent de manière répétée, dans certaines situations ou à certains moments de la journée. Vous pouvez remarquer que certaines pensées sont principalement négatives, critiques, craintives ou autocritiques, tandis que d'autres sont plus positives, créatives, inspirantes ou compatissantes.

Ce processus d'auto-observation vous permet de vous distancier de vos pensées, de cesser de vous identifier totalement à elles et de commencer à les voir comme des phénomènes mentaux, comme des événements qui se produisent dans votre conscience, mais qui ne définissent pas qui vous êtes. Vous réalisez que vous n'êtes pas vos pensées, vous êtes l'observateur de vos pensées, la conscience qui témoigne du flux de l'esprit.

En gagnant cette distance, vous commencez à développer un discernement par rapport à vos pensées. Vous apprenez à remettre en question leur validité, à évaluer leur impact et à choisir consciemment quelles pensées vous voulez nourrir et renforcer, et lesquelles vous voulez laisser aller ou transformer. Vous cessez d'être un simple récepteur passif de vos pensées et devenez un gestionnaire conscient de votre paysage mental.

Cultiver la conscience de vos pensées ne consiste pas seulement à observer les pensées qui surgissent spontanément dans votre esprit. Il s'agit également de surveiller votre dialogue intérieur, la "conversation" que vous avez avec vous-même tout au long de la journée. Soyez attentif aux affirmations, aux questions, aux jugements et aux commentaires que vous vous adressez. Ce dialogue intérieur, souvent silencieux et subconscient, a un impact puissant sur votre estime de soi, votre confiance et votre réalité projetée.

Si votre dialogue intérieur est principalement négatif et autocritique, si vous vous critiquez constamment, si vous doutez de vos capacités, si vous vous concentrez sur vos défauts et vos faiblesses, alors vous projetez une réalité correspondante, où la confiance en soi, le succès et la joie seront plus difficiles à atteindre. D'un autre côté, si vous cultivez un dialogue intérieur positif, encourageant et compatissant, si vous vous traitez avec gentillesse et compréhension, si vous vous concentrez sur vos points forts et vos qualités, alors vous projetez une réalité plus favorable, où l'estime de soi, la confiance et le bien-être s'épanouiront.

La pratique de la conscience des pensées vous invite à remplacer les schémas de pensée négatifs et limitants par des schémas de pensée positifs et stimulants. Il ne s'agit pas de réprimer ou de nier les pensées négatives, mais plutôt de les reconnaître consciemment, de comprendre leur origine et de choisir consciemment de diriger votre attention vers des pensées plus constructives et bénéfiques. C'est comme remplacer les mauvaises herbes par des fleurs dans un jardin : vous n'ignorez pas les mauvaises herbes, mais vous les enlevez avec soin et plantez des graines de fleurs à leur place.

Pour commencer à cultiver la conscience de vos pensées dans votre vie quotidienne, vous pouvez utiliser quelques techniques pratiques :

Réservez des moments quotidiens pour la méditation de pleine conscience : Commencez par de courtes séances de 5 à 10 minutes et augmentez progressivement le temps de méditation. Concentrez-vous sur la respiration ou les sensations corporelles et, lorsque les pensées surgissent, observez-les sans jugement, en les laissant passer comme des nuages dans le ciel.

Faites des "pauses conscientes" tout au long de la journée : Plusieurs fois par jour, arrêtez-vous quelques instants, fermez les yeux et demandez-vous : "Quelles sont mes pensées en ce moment ?". Observez les pensées qui surgissent sans vous y impliquer, simplement en tant qu'observateur.

Tenez un "journal de pensées" : À la fin de la journée, réservez quelques minutes pour réfléchir à vos pensées tout au long de la journée. Notez les schémas récurrents, les thèmes dominants, les pensées positives et négatives que vous avez identifiés. Ce journal vous aidera à devenir plus conscient de vos schémas de pensée habituels.

Pratiquez "l'étiquette mentale" : Soyez plus attentif à votre dialogue intérieur et choisissez consciemment les mots que vous utilisez pour vous adresser à vous-même. Remplacez l'autocritique par l'autocompassion, le doute par la confiance, le pessimisme par l'optimisme. Traitez votre esprit avec la même gentillesse et le même respect que vous traiteriez un ami cher.

Utilisez des "rappels conscients" : Placez de petits rappels visuels dans votre environnement (post-its, alarmes sur votre téléphone portable, etc.) qui vous encouragent à vous arrêter et à observer vos pensées tout au long de la journée. Ces rappels peuvent être des mots comme "Pense !", "Observe !", "Conscience !", ou toute autre mot ou phrase qui résonne avec vous.

Cultiver la conscience de vos pensées est un processus continu et progressif. Ne vous attendez pas à des résultats du jour au lendemain. Soyez patient avec vous-même, célébrez les petits progrès et continuez à pratiquer avec persévérance et dévouement. Au fur et à mesure que votre conscience de vos pensées s'approfondit, vous commencerez à ressentir le pouvoir transformateur de cette pratique dans votre vie. Vous deviendrez plus présent, plus concentré, plus équilibré, plus conscient de vos choix et, surtout, plus apte à cocréer consciemment la réalité que vous désirez expérimenter.

Avec le temps, cet éveil à vos propres pensées cessera d'être un exercice ponctuel et deviendra un état naturel de présence et de discernement. Vous réaliserez que la réalité que vous expérimentez n'est pas un hasard, mais une conséquence directe de ce que vous cultivez intérieurement. À chaque instant, en choisissant consciemment où placer votre attention et quelles pensées nourrir, vous donnerez de nouvelles instructions à la projection de votre vie. Et ainsi, pas à pas, la transformation se produit – de l'intérieur vers l'extérieur, de l'invisible vers le tangible, de la pensée à la manifestation.

Chapitre 10
Libérer les Croyances Limitantes

La réalité que vous projetez est directement influencée par les croyances que vous portez, dont beaucoup opèrent de manière inconsciente, modelant silencieusement vos expériences et limitant votre potentiel. Ces croyances limitantes sont comme des filtres qui déforment la projection de votre conscience, créant des barrières invisibles entre vous et la vie que vous désirez manifester. Pour vous libérer de ces restrictions, il est essentiel de les identifier, de les remettre en question et de les remplacer par des croyances dynamisantes qui reflètent votre véritable essence et votre capacité créative. En nettoyant l'écran de votre esprit, vous ouvrez l'espace à une projection plus authentique, expansive et alignée avec votre pouvoir illimité.

Les croyances limitantes sont comme des logiciels défectueux qui tournent en arrière-plan dans notre esprit, sabotant nos efforts de projection positive et nous empêchant de manifester la réalité que nous désirons. Ce sont des convictions profondément enracinées que nous tenons pour vraies sur nous-mêmes, sur le monde et sur la nature de la réalité, mais qui, en vérité, nous restreignent, nous limitent et nous emprisonnent dans des schémas de négativité, de manque et de souffrance.

Imaginez un écran de cinéma sale et rayé. Même si le projecteur est puissant et le film magnifique, l'image qui sera projetée sur l'écran sera déformée, tachée et incomplète, en raison des imperfections de l'écran. De la même manière, les croyances limitantes agissent comme des "rayures et des taches" sur l'écran de notre esprit, déformant la projection de notre réalité, même si nos intentions sont positives et nos désirs sont sincères.

Les croyances limitantes se sont formées tout au long de notre vie, depuis l'enfance, à travers nos expériences passées, notre éducation, notre culture, nos interactions sociales et l'influence de la Conscience Collective. Souvent, nous les intériorisons de manière inconsciente, sans remettre en question leur validité, les acceptant comme des "vérités" immuables sur la vie et sur nous-mêmes.

Quelques exemples courants de croyances limitantes incluent :

"Je ne suis pas assez bien." "Je ne mérite pas d'être heureux." "La vie est difficile et pleine de souffrance." "L'argent est la racine de tous les maux." "Il faut travailler dur pour réussir." "Je ne suis pas assez intelligent/talentueux/capable pour réaliser mes rêves." "Je ne mérite pas d'être aimé(e)." "Le monde est un endroit dangereux et hostile." "Il est impossible de changer." "Je suis malchanceux/malchanceuse."

Ces croyances, et bien d'autres semblables, agissent comme des filtres de perception, façonnant la manière dont nous voyons le monde et dont nous interprétons nos expériences. Elles influencent nos pensées, nos émotions, nos comportements et, en fin de compte, la réalité que nous projetons et attirons dans nos vies. Si vous croyez, même inconsciemment, que "vous n'êtes pas assez bien", vous aurez tendance à saboter vos propres efforts, à douter de vos capacités et à attirer des situations qui confirment cette croyance limitante. Si vous croyez que "l'argent est la racine de tous les maux", vous pourrez inconsciemment éloigner la prospérité de votre vie, même si vous désirez consciemment être riche.

Libérer les croyances limitantes est essentiel pour nettoyer l'écran de l'esprit et permettre à la projection de la réalité désirée de se manifester de manière claire et complète. C'est comme nettoyer et polir l'écran de cinéma, en enlevant les rayures et les taches, pour que l'image projetée puisse briller dans toute sa beauté et sa netteté. Sans nettoyer l'écran des croyances limitantes, nos efforts de cocréation consciente peuvent être frustrés, minés par la force invisible de ces logiciels défectueux.

Le processus de libération des croyances limitantes implique trois étapes fondamentales :

Identification : La première étape consiste à prendre conscience de vos croyances limitantes. Souvent, ces croyances opèrent dans le subconscient, de manière automatique et invisible. Il faut amener ces croyances à la lumière de la conscience, les identifier et les reconnaître comme des schémas de pensée limitants qui sabotent votre cocréation.

Pour identifier vos croyances limitantes, vous pouvez recourir à diverses techniques :

Auto-réflexion et introspection : Réservez des moments de tranquillité pour réfléchir aux domaines de votre vie où vous vous sentez bloqué, insatisfait ou en difficulté. Demandez-vous : "Quelles sont les croyances que j'ai sur ce domaine de ma vie qui peuvent limiter mon succès et mon bonheur ?". Prêtez attention à vos pensées, émotions et sensations corporelles lorsque vous réfléchissez à ces questions.

Analyse du dialogue intérieur : Surveillez votre dialogue intérieur, la "conversation" que vous avez avec vous-même tout au long de la journée. Identifiez les affirmations négatives, les autocritiques, les doutes et les jugements qui surgissent répétitivement. Ces phrases et schémas de pensée peuvent révéler des croyances limitantes sous-jacentes.

Observation des schémas de vie : Analysez les schémas qui se répètent dans votre vie, les situations récurrentes, les défis persistants. Demandez-vous : "Quelles croyances puis-je avoir qui attirent ces situations répétitivement dans ma vie ?". Les schémas de vie reflètent souvent nos croyances les plus profondes.

Remise en question des présupposés : Identifiez vos "vérités" absolues sur la vie, sur vous-même et sur le monde. Demandez-vous : "Ces 'vérités' sont-elles réellement vraies, ou sont-elles simplement des croyances limitantes que j'ai intériorisées au fil du temps ?". Défiez vos présupposés, remettez en question vos certitudes.

Démantèlement : Une fois vos croyances limitantes identifiées, la deuxième étape consiste à les démanteler, à remettre en question leur validité et à reconnaître qu'elles ne sont pas des vérités immuables, mais des constructions mentales qui peuvent être modifiées. Il faut "démasquer" les croyances limitantes, les exposer à la lumière de la raison et de la conscience, et comprendre qu'elles n'ont pas de pouvoir réel sur vous, à moins que vous ne leur donniez ce pouvoir en y croyant.

Pour démanteler vos croyances limitantes, vous pouvez utiliser les techniques suivantes :

Questionnement logique : Analysez la croyance limitante de manière logique et rationnelle. Demandez-vous : "Quelle est la preuve réelle qui soutient cette croyance ? Existe-t-il des preuves qui contredisent cette croyance ? Cette croyance est-elle réellement utile et bénéfique pour moi ? Quelles sont les conséquences négatives de maintenir cette croyance ?". Défiez la logique de la croyance limitante et exposez ses failles et ses incohérences.

Réinterprétation de l'expérience : Réexaminez les expériences passées qui ont pu contribuer à la formation de la croyance limitante. Cherchez à réinterpréter ces expériences sous une nouvelle perspective, plus positive et dynamisante. Comprenez que les expériences passées ne définissent pas votre avenir, et que vous avez le pouvoir d'apprendre du passé et de créer un avenir différent.

Recherche d'exceptions : Cherchez des exemples d'exceptions à la croyance limitante, des moments où cette croyance ne s'est pas manifestée dans votre vie, ou où d'autres personnes ont surmonté des limitations similaires. Ces exceptions démontrent que la croyance limitante n'est pas une loi universelle et immuable, mais un schéma de pensée qui peut être brisé.

Substitution : La dernière étape pour libérer les croyances limitantes est de les remplacer par des croyances dynamisantes. Il ne suffit pas d'éliminer les croyances négatives, il faut planter de nouvelles graines de croyances positives et constructives à leur place, pour combler le vide et diriger votre projection vers la réalité désirée. C'est comme remplacer les mauvaises herbes par des fleurs dans le jardin : après avoir enlevé les mauvaises herbes, il faut semer et cultiver de belles fleurs nutritives.

Pour remplacer vos croyances limitantes par des croyances dynamisantes, vous pouvez utiliser les techniques suivantes :

Affirmations positives : Créez des affirmations positives qui expriment les croyances que vous désirez intérioriser, les qualités que vous désirez cultiver et la réalité que vous désirez manifester. Les affirmations doivent être des phrases courtes, positives, au présent et chargées d'émotion. Répétez ces affirmations quotidiennement, avec conviction et foi, pour reprogrammer votre subconscient avec de nouvelles croyances dynamisantes. Exemples d'affirmations : "Je suis capable et méritant(e) de réaliser mes rêves", "La vie est abondante et pleine d'opportunités", "Je suis aimé(e) et accepté(e) inconditionnellement", "Je fais confiance à mon intuition et au flux de la vie".

Visualisation créative : Utilisez la visualisation créative pour vous imaginer vivre la réalité désirée, comme si elle était déjà réelle au présent. Visualisez-vous agir, ressentir et expérimenter comme si vous possédiez déjà les qualités, les capacités et les circonstances que vous désirez manifester. La visualisation renforce les nouvelles croyances dynamisantes et programme votre subconscient avec des images et des émotions positives.

Modélisation et mentorat : Cherchez des modèles de référence, des personnes qui ont déjà surmonté des limitations similaires aux vôtres et qui ont atteint le succès et le bonheur que vous désirez. Étudiez leurs histoires, leurs schémas de pensée, leurs stratégies et apprenez de leurs exemples. Cherchez des mentors qui peuvent vous guider et vous soutenir dans le processus de transformation de vos croyances et de cocréation de votre réalité.

Reprogrammation subliminale : Utilisez des ressources subliminales, comme des audios ou des vidéos avec des messages subliminaux positifs, pour reprogrammer votre subconscient avec de nouvelles croyances dynamisantes de manière plus profonde et efficace. Ces ressources contournent la résistance de l'esprit conscient et implantent les nouvelles croyances directement dans le subconscient.

La libération des croyances limitantes est un processus continu et graduel. Ne vous attendez pas à ce que les croyances négatives disparaissent du jour au lendemain. Soyez patient avec vous-même, persistez dans les pratiques d'identification, de démantèlement et de substitution de croyances, et célébrez les petits progrès en cours de route. Au fur et à mesure que vous nettoyez l'écran de votre esprit des croyances limitantes, la projection de votre réalité devient plus claire, plus nette, plus alignée avec vos désirs authentiques et plus puissante pour manifester la vie de vos rêves.

En vous libérant des croyances qui vous limitent, vous ne réécrivez pas seulement votre récit intérieur, mais vous élargissez aussi les possibilités de votre propre réalité. Chaque croyance transformée est un voile qui se lève, vous permettant de voir au-delà des illusions et d'accéder au potentiel illimité qui a toujours été à votre disposition. Ce processus de renouveau n'est pas un événement unique, mais un voyage continu de découverte de soi et d'autonomisation, où, à chaque pas, vous devenez plus conscient de votre pouvoir de cocréation et plus aligné avec la vie que vous désirez véritablement vivre.

Chapitre 11
Concentrer ses Intentions et ses Désirs

Maintenant que nous avons parcouru le chemin de l'éveil de notre Projecteur Intérieur, nettoyé les croyances limitantes et pris conscience de notre capacité de co-création, nous avançons vers un moment décisif : diriger clairement nos intentions et nos désirs. Tout comme un jardinier qui choisit soigneusement les graines qu'il souhaite planter, chaque pensée intentionnelle et chaque désir aligné avec notre essence devient un point focal de notre réalité en formation. Lorsque nous avons des intentions claires et déterminées, nous cultivons un champ énergétique propice à la manifestation d'expériences significatives et authentiques, transformant les possibilités en réalité concrète.

Si les pensées et les croyances sont le langage de la projection, alors les intentions et les désirs sont l'orientation de ce langage, le foyer de notre énergie créatrice. Les intentions et les désirs sont comme des graines que nous plantons dans le champ de la conscience, déterminant le type de réalité que nous récolterons. Si nous plantons des graines d'intentions claires, focalisées et alignées avec notre objectif authentique, nous récolterons une réalité riche, significative et pleine d'accomplissement. Si, en revanche, nous plantons des graines d'intentions vagues, confuses ou désalignées avec notre vérité intérieure, la récolte peut être incertaine, frustrante et en deçà de notre potentiel.

Imaginez un jardinier habile qui se prépare à planter un jardin. Avant tout, il doit définir clairement ce qu'il souhaite cultiver. Veut-il un jardin de fleurs vibrantes, un verger fruitier, un potager de légumes nutritifs, ou une combinaison de tout cela ? La clarté de son intention est la première étape essentielle au succès de son jardin. S'il plante des graines au hasard, sans plan clair, le résultat risque d'être un jardin chaotique et peu productif.

De même, dans la co-création consciente, la clarté de nos intentions et de nos désirs est fondamentale. Nous devons savoir ce que nous voulons réellement manifester dans notre réalité, définir précisément nos objectifs, aligner nos désirs avec nos valeurs les plus profondes et diriger notre énergie créatrice de manière focalisée et intentionnelle. Des intentions et des désirs vagues, imprécis ou contradictoires ont tendance à générer des résultats similaires : une réalité confuse, incohérente et en deçà de notre potentiel.

Focaliser ses intentions et ses désirs ne signifie pas seulement « vouloir très fort » quelque chose, ou désirer de manière superficielle et passagère. Cela signifie diriger notre attention et notre énergie de manière constante et cohérente vers ce que nous voulons réellement manifester, en cultivant un état mental et émotionnel aligné avec la réalité souhaitée. C'est comme diriger la lumière du soleil à travers une loupe : la lumière diffuse a peu de pouvoir, mais lorsqu'elle est focalisée sur un point spécifique, elle peut générer une chaleur intense et même allumer un feu. De même, notre énergie créatrice, lorsqu'elle est focalisée sur des intentions et des désirs clairs, acquiert un pouvoir de manifestation beaucoup plus grand.

Le processus de focalisation des intentions et des désirs implique plusieurs étapes importantes :

Clarification des Désirs Authentiques : La première étape consiste à distinguer les désirs authentiques des désirs superficiels ou imposés. Souvent, nous désirons des choses qui, en réalité, ne résonnent pas avec notre essence, qui sont influencées par des attentes sociales, des pressions extérieures ou des normes de comparaison avec les autres. Ces désirs « empruntés » ou « artificiels » ont tendance à avoir moins de pouvoir de manifestation et, même s'ils se concrétisent, ils peuvent ne pas apporter la satisfaction et la joie que nous espérons.

Les désirs authentiques, en revanche, sont ceux qui naissent de notre cœur, qui résonnent avec notre âme, qui s'alignent avec notre but de vie et avec nos valeurs les plus profondes. Ce sont des désirs qui nous inspirent, qui nous motivent, qui nous font nous sentir vivants et accomplis. Ce sont ces désirs authentiques qui ont le plus grand pouvoir de manifestation, car ils sont chargés de l'énergie de notre vérité intérieure.

Pour clarifier vos désirs authentiques, vous pouvez vous poser les questions introspectives suivantes :

Qu'est-ce que je veux vraiment expérimenter dans ma vie ?

Qu'est-ce qui m'apporte une joie authentique et une satisfaction durable ?

Qu'est-ce qui me fait me sentir vivant et enthousiaste ?

Quelles sont mes valeurs les plus importantes et comment mes désirs s'alignent-ils avec ces valeurs ?

Si je pouvais avoir tout ce que je désire, que serait-ce ? (Sans limitations ni restrictions)

Si je vivais ma vie la plus authentique et la plus pleine de sens, à quoi ressemblerait cette vie ?

Définition d'Intentions Claires et Spécifiques : Une fois vos désirs authentiques clarifiés, l'étape suivante consiste à définir des intentions claires et spécifiques pour leur manifestation. Des intentions vagues et génériques ont tendance à générer des résultats vagues et génériques. Des intentions claires et spécifiques dirigent votre énergie créatrice de manière précise et efficace.

Au lieu de dire « Je veux être heureux », ce qui est une intention vague et générique, définissez des intentions plus spécifiques, comme « J'ai l'intention de ressentir de la joie et de la gratitude dans tous les domaines de ma vie aujourd'hui », ou « J'ai l'intention de cultiver des relations harmonieuses et significatives ». Au lieu de dire « Je veux avoir plus d'argent », définissez des intentions plus spécifiques, comme « J'ai l'intention d'attirer l'abondance financière dans ma vie de manière éthique et durable », ou « J'ai l'intention de générer X euros de revenus supplémentaires ce mois-ci ».

Lorsque vous définissez vos intentions, soyez le plus précis possible, en incluant des détails sensoriels, émotionnels et contextuels. Visualisez-vous en train de vivre la réalité souhaitée, ressentez les émotions positives associées à cette réalité, et imaginez les détails concrets de sa manifestation. Plus votre intention est vivante et détaillée, plus votre projection sera puissante.

Alignement avec les Valeurs et le But : Pour vous assurer que vos intentions sont véritablement valorisantes et apportent un accomplissement durable, il est crucial de les aligner avec vos valeurs les plus profondes et votre but de vie. Des intentions désalignées avec votre vérité intérieure peuvent générer des conflits internes, saboter votre manifestation et, même si elles se concrétisent, peuvent ne pas apporter le bonheur et la satisfaction que vous recherchez.

Demandez-vous : « Comment ce désir s'aligne-t-il avec mes valeurs les plus importantes ? Comment la manifestation de cette intention contribuera-t-elle à mon but de vie ? Comment cela profitera-t-il non seulement à moi, mais aussi aux autres et au monde en général ? ». Les intentions alignées avec vos valeurs et votre objectif ont un pouvoir de manifestation beaucoup plus grand, car elles sont en résonance avec votre essence la plus profonde et avec le flux de l'évolution de la conscience.

Utilisation d'un Langage Affirmatif et au Présent : Lorsque vous formulez vos intentions, utilisez toujours un langage affirmatif et au présent. Évitez les phrases négatives, les doutes ou les expressions de manque ou de besoin. Au lieu de dire « Je ne veux plus de dettes », dites « J'ai l'intention de vivre dans une réalité de liberté financière et d'abondance ». Au lieu de dire « J'espère être en bonne santé », dites « J'ai l'intention d'expérimenter une santé parfaite et un bien-être à tous les niveaux ».

Formulez vos intentions comme si la réalité souhaitée était déjà une réalité présente, comme si vous la viviez déjà au moment actuel. Utilisez des phrases comme « Je suis... », « J'ai... », « Je ressens... », « Je suis reconnaissant(e) pour... », au présent, avec conviction et foi. Le langage affirmatif et au présent renforce votre projection mentale et programme votre subconscient avec la croyance que la réalité souhaitée est déjà une possibilité présente et imminente.

Pratique de la Visualisation et de l'Émotion : Pour renforcer encore plus vos intentions et accélérer le processus de manifestation, combinez la définition d'intentions claires avec la pratique de la visualisation et de l'émotion. Visualisez-vous en train de vivre la réalité souhaitée avec tous vos sens, imaginez les détails, les couleurs, les sons, les odeurs, les goûts, les textures. Et, surtout, ressentez les émotions positives associées à la manifestation de votre intention : joie, gratitude, enthousiasme, amour, confiance.

La visualisation et l'émotion intensifient la charge énergétique de votre projection mentale, envoyant un signal plus fort et plus clair à la matrice de la projection. C'est comme ajouter du carburant à haute performance au moteur de votre co-création consciente, accélérant le processus de manifestation et le rendant plus puissant et efficace.

Pour commencer à planter les graines de votre réalité souhaitée, faites l'exercice pratique suivant :

Exercice : Planter les Graines de vos Intentions

Réservez un moment de calme et inspirez-vous d'une musique douce ou d'un environnement naturel relaxant.

Revisitez vos réflexions de l'exercice du Chapitre 8, où vous avez clarifié vos désirs authentiques et votre pouvoir de Projecteur Intérieur.

Choisissez un domaine de votre vie où vous souhaitez manifester un changement positif (santé, relations, prospérité, objectif, etc.).

Définissez une intention claire et spécifique pour ce domaine de votre vie, en suivant les principes que nous avons explorés dans ce chapitre :

Clarifiez votre désir authentique, aligné avec vos valeurs.

Soyez le plus précis possible dans la définition de votre intention.

Alignez votre intention avec votre but de vie et avec le bien supérieur.

Utilisez un langage affirmatif et au présent.

Écrivez votre intention de manière claire et concise sur un papier ou dans un journal. Par exemple : « J'ai l'intention d'expérimenter une santé radieuse et une vitalité à tous les niveaux de mon être », ou « J'ai l'intention d'attirer une relation amoureuse, harmonieuse et significative dans ma vie ».

Visualisez-vous en train de vivre la réalité souhaitée avec tous vos sens, pendant quelques minutes. Imaginez les détails, les couleurs, les sons, les odeurs, les goûts, les textures. Ressentez les émotions positives de joie, de gratitude et d'enthousiasme remplir votre être.

Répétez votre intention à voix haute ou mentalement, avec conviction et foi, plusieurs fois par jour. Ressentez l'énergie de votre intention vibrer dans chaque cellule de votre corps.

Remerciez à l'avance pour la manifestation de votre intention, comme si elle était déjà une réalité présente. La gratitude renforce votre projection et ouvre la voie à la manifestation.

Libérez votre intention dans l'univers, en ayant confiance que la projection se manifestera au moment parfait et de la manière la plus appropriée. Détachez-vous du résultat spécifique et faites confiance au flux de la vie.

Cet exercice est le début de votre pratique de plantation des graines de vos intentions. Au fur et à mesure que vous répétez ce processus régulièrement, dans différents domaines de votre vie, et avec toujours plus de clarté, de concentration et d'émotion, vous commencerez à expérimenter le pouvoir transformateur de la focalisation de vos intentions et de vos désirs dans la co-création consciente de votre réalité. Plantez les graines avec confiance, arrosez-les avec foi et préparez-vous à récolter une réalité abondante et merveilleuse !

Chapitre 12
Le Pouvoir de la Visualisation

La visualisation est un outil puissant qui renforce notre capacité de cocréation consciente, nous permettant de façonner la réalité à partir de l'esprit. Lorsque nous imaginons une scène avec clarté et émotion, nous transmettons au subconscient un message clair sur ce que nous désirons manifester. L'esprit ne distingue pas entre le réel et l'intensément visualisé, ce qui signifie que, en créant des images mentales détaillées et chargées de sentiments, nous activons des mécanismes internes qui nous poussent vers la concrétisation de ces expériences. Ce processus non seulement renforce la croyance en la manifestation, mais aligne également nos émotions et notre énergie avec la réalité désirée, accélérant sa matérialisation.

La visualisation créatrice est l'art d'utiliser notre imagination pour créer des images mentales vives et détaillées de la réalité que nous désirons cocréer. C'est comme peindre un tableau de notre vie idéale sur l'écran de notre esprit, en utilisant tous nos sens et nos émotions pour rendre cette image aussi réelle et engageante que possible. La visualisation n'est pas seulement un "rêve éveillé" passif, mais un processus actif et intentionnel de direction de notre énergie créative vers la manifestation de la réalité désirée.

Si les pensées et les croyances sont le langage de la projection, et les intentions et désirs sont le focus de ce langage, alors la visualisation est la grammaire et la syntaxe de ce langage en action. La visualisation donne forme, couleur, mouvement et émotion à nos pensées, croyances et intentions, rendant notre projection mentale plus puissante, plus cohérente et plus efficace. C'est comme transformer une idée abstraite en un projet concret, en un plan détaillé qui guide la construction de la réalité.

Comment fonctionne le pouvoir de la visualisation ?

La visualisation fonctionne parce que l'esprit subconscient ne distingue pas entre la réalité "réelle" et la réalité vividement imaginée. Lorsque nous visualisons quelque chose avec clarté, détail et émotion, notre subconscient enregistre cette image mentale comme s'il s'agissait d'une expérience réelle, et commence à travailler pour la manifester dans notre réalité extérieure. C'est comme si nous envoyions un "téléchargement" de la réalité désirée à notre subconscient, le programmant pour attirer et créer des expériences correspondantes.

De plus, la visualisation renforce notre croyance en la possibilité de la manifestation. En visualisant répétitivement la réalité désirée, nous commençons à sentir qu'elle est réelle, qu'elle est possible, qu'elle est déjà en chemin pour se concrétiser. Cette croyance renforcée envoie un signal encore plus puissant à la matrice de projection, accélérant le processus de manifestation et dissipant les doutes et les résistances internes.

La visualisation aligne également nos émotions avec la réalité désirée. En impliquant les émotions positives dans la visualisation – joie, gratitude, enthousiasme, amour – nous élevons notre fréquence vibratoire et attirons dans notre vie des expériences qui résonnent avec cette fréquence. Les émotions sont un puissant catalyseur de la manifestation, et la visualisation est un outil efficace pour diriger nos émotions de manière consciente et intentionnelle.

Techniques efficaces de visualisation :

Pour utiliser le pouvoir de la visualisation de manière efficace dans la cocréation consciente, il est important de suivre quelques techniques et principes clés :

Impliquez tous vos sens : Ne vous limitez pas à visualiser uniquement des images visuelles dans votre esprit. Cherchez à impliquer tous vos sens dans la visualisation :

Vue : Voyez avec les yeux de l'esprit la réalité désirée avec le maximum de détails possible. Couleurs, formes, lumières, mouvements, décors, personnes.

Ouïe : Écoutez les sons associés à la réalité désirée. Voix, musique, sons de la nature, bruits ambiants.

Odorat : Sentez les odeurs caractéristiques de la réalité désirée. Parfums, arômes, odeurs de l'environnement.

Goût : Savourez les goûts associés à la réalité désirée. Nourriture, boisson, saveurs de l'environnement.

Toucher : Sentez les textures et les sensations physiques de la réalité désirée. Toucher, température, pression, vibration.

Plus votre visualisation sera sensorielle, plus elle deviendra réelle et engageante pour votre subconscient, et plus votre projection sera puissante.

Impliquez vos émotions : La visualisation n'est pas seulement un exercice mental, mais aussi émotionnel. Cherchez à ressentir les émotions positives associées à la réalité désirée pendant que vous la visualisez : joie, gratitude, amour, enthousiasme, confiance, paix. Sentez ces émotions remplir votre cœur, vibrer dans chaque cellule de votre corps, rayonner dans votre réalité.

L'émotion est le carburant de la visualisation, ce qui lui donne force et pouvoir de manifestation. Plus vos émotions positives seront intenses et authentiques pendant la visualisation, plus elle sera efficace.

Créez des images vives et détaillées : Ne vous contentez pas de visualisations vagues et génériques. Cherchez à créer des images mentales aussi vives et détaillées que possible, comme si vous regardiez un film de votre réalité désirée. Faites attention aux petits détails, aux couleurs, aux formes, aux mouvements, aux visages des personnes, aux objets de l'environnement.

Plus votre visualisation sera détaillée, plus elle deviendra réelle et concrète pour votre subconscient, et plus il sera facile pour votre esprit de la manifester dans la réalité extérieure.

Visualisez régulièrement et constamment : La visualisation n'est pas une technique "magique" qui fonctionne instantanément avec une seule session. Pour obtenir des résultats efficaces, il faut visualiser régulièrement et constamment, idéalement tous les jours, pendant quelques minutes. La constance et la répétition renforcent votre projection mentale et programment votre subconscient de manière progressive et durable.

Définissez un moment spécifique pour votre pratique de visualisation, de préférence à un moment de la journée où vous vous sentez détendu et tranquille, comme le matin au réveil ou le soir avant de dormir. Créez un rituel personnel pour votre visualisation, en allumant une bougie, en utilisant de l'encens ou en écoutant de la musique douce, pour créer un environnement propice et inspirant.

Visualisez au présent : Visualisez la réalité désirée comme si elle était déjà une réalité présente, comme si vous la viviez déjà dans le moment présent. Évitez de visualiser dans le futur, comme quelque chose qui "arrivera un jour". Le subconscient répond mieux aux images et aux émotions du moment présent, car il les interprète comme des réalités actuelles.

Utilisez des affirmations au présent pendant la visualisation, comme "Je suis en bonne santé et plein d'énergie", "J'ai l'abondance financière et la prospérité dans tous les domaines de ma vie", "Je vis des relations amoureuses et harmonieuses". Sentez la réalité désirée comme si elle était déjà vôtre, dans l'"ici et maintenant".

Pour vous aider à commencer à pratiquer le pouvoir de la visualisation, je vous propose l'exercice de visualisation guidée suivant, axé sur le domaine de la santé et du bien-être :

Exercice de Visualisation Guidée : Santé Radieuse et Vitalité

Trouvez un endroit calme où vous pouvez vous détendre sans interruption pendant 10-15 minutes. Asseyez-vous ou allongez-vous confortablement, fermez les yeux et respirez profondément quelques fois pour détendre votre corps et votre esprit.

Visualisez votre corps rayonnant de santé et de vitalité. Voyez chaque cellule de votre corps briller d'une énergie vibrante, pleine de lumière et de vie. Imaginez votre peau lumineuse et saine, vos yeux brillants et pleins d'énergie, votre corps fort et souple.

Impliquez vos sens dans la visualisation de votre santé parfaite :

Vue : Voyez-vous pratiquer des activités physiques que vous aimez, avec facilité et joie. Courir, danser, nager, marcher dans la nature, tout ce qui résonne avec vous. Voyez votre corps bouger avec grâce, force et vitalité.

Ouïe : Écoutez le son de votre respiration profonde et détendue, le rythme fort et sain de votre cœur, votre rire contagieux et plein d'énergie.

Toucher : Sentez la sensation de bien-être et de confort dans votre corps. Sentez l'énergie vibrer dans chaque cellule, la force dans vos muscles, la légèreté dans vos mouvements.

Goût : Savourez des aliments sains et nutritifs qui nourrissent votre corps et vous donnent énergie et vitalité. Fruits frais, légumes savoureux, eau pure et revitalisante.

Odorat: Sentez l'arôme frais et revigorant de l'air pur entrant dans vos poumons, le parfum des fleurs de la nature, l'odeur saine de votre corps propre et énergisé.

Sentez les émotions positives associées à votre santé parfaite et à votre bien-être : joie, gratitude, vitalité, énergie, confiance, paix intérieure. Permettez à ces émotions de remplir votre être, de s'étendre au-delà de votre corps, en rayonnant dans toute votre réalité.

Répétez des affirmations positives sur votre santé et votre bien-être pendant la visualisation : "Je suis en bonne santé et plein d'énergie", "Mon corps est fort, sain et vibrant", "J'aime et je prends soin de mon corps avec gratitude et respect", "Je mérite une santé parfaite et le bien-être à tous les niveaux".

Remerciez à l'avance l'univers pour votre santé radieuse et votre vitalité, comme si c'était déjà une réalité présente. Sentez la gratitude remplir votre cœur et s'étendre à votre réalité.

Restez dans cet état de visualisation et d'émotion positive pendant 5-10 minutes, en profitant de la sensation de santé parfaite et de bien-être. Lorsque vous vous sentez prêt, ouvrez les yeux et revenez au moment présent, en emportant avec vous l'énergie vibrante de votre visualisation.

Conseils pour une visualisation réussie :

Détendez votre corps et votre esprit avant de commencer à visualiser. Utilisez des techniques de respiration profonde, de méditation ou de relaxation musculaire pour calmer l'esprit et libérer les tensions corporelles.

Commencez par de courtes séances de visualisation et augmentez progressivement la durée à mesure que vous vous sentez plus à l'aise et confiant.

Soyez patient et persévérant. La visualisation est une compétence qui se développe avec la pratique. Ne vous découragez pas si vous ne voyez pas de résultats immédiats. Continuez à pratiquer régulièrement, avec foi et persévérance, et les résultats commenceront à se manifester dans votre réalité.

Croyez en votre pouvoir de visualiser et de manifester. Votre croyance est un ingrédient essentiel pour le succès de la visualisation. Ayez confiance en votre capacité à créer la réalité désirée grâce à votre projection mentale.

Le pouvoir de la visualisation est un outil extraordinaire pour la cocréation consciente. En peignant la réalité désirée sur l'écran de votre esprit, avec tous vos sens et vos émotions, vous renforcez votre projection mentale, programmez votre subconscient pour le succès et accélérez le processus de manifestation. Commencez à pratiquer la visualisation régulièrement, dans différents domaines de votre vie, et préparez-vous à témoigner du pouvoir transformateur de cet art dans la cocréation de la réalité de vos rêves. Peignez votre réalité désirée avec des couleurs vibrantes et des émotions rayonnantes, et observez la magie de la projection se manifester dans votre vie !

Chapitre 13
Déclarer Votre Nouvelle Réalité

Déclarer votre nouvelle réalité est un acte puissant de co-création consciente. Lorsque des affirmations positives sont répétées avec conviction et émotion, elles deviennent des graines plantées dans le subconscient, remplaçant les croyances limitantes par une nouvelle programmation mentale alignée sur vos désirs. Tel un décret émis avec autorité, chaque affirmation dirige votre énergie et renforce votre champ vibratoire, permettant à la réalité de se modeler selon cette nouvelle fréquence. En transformant des mots en déclarations fermes, vous ouvrez la voie à une manifestation plus claire, accélérant le processus de matérialisation de vos rêves.

Les affirmations sont des déclarations positives, formulées au présent, qui expriment la réalité que vous souhaitez co-créer. Ce sont des phrases concises et puissantes que vous répétez régulièrement, avec conviction et foi, pour reprogrammer votre subconscient avec des croyances renforçantes et diriger votre énergie vers la manifestation de vos désirs. Les affirmations sont comme des décrets que vous émettez à l'univers, déclarant votre intention de vivre une nouvelle réalité et l'invitant à se manifester dans votre expérience.

Si les pensées et les croyances sont le langage de la projection, et la visualisation la grammaire et la syntaxe, alors les affirmations sont la voix et la prononciation de ce langage. Les affirmations donnent du son, du rythme et une intention vocale à votre projection mentale, la rendant plus audible, plus résonnante et plus impactante pour l'univers. C'est comme transformer une pensée silencieuse en une déclaration audacieuse et confiante, qui résonne dans la réalité et l'invite à répondre.

Comment fonctionnent les affirmations ?

Les affirmations fonctionnent parce que la répétition constante de déclarations positives programme l'esprit subconscient. Le subconscient est comme un "disque dur" de l'esprit, où sont stockées nos croyances, nos habitudes et nos schémas de pensée automatiques. En répétant des affirmations positives de manière cohérente, nous réécrivons la programmation du subconscient, remplaçant les croyances limitantes par des croyances renforçantes, les schémas négatifs par des schémas positifs, et les attentes de manque par des attentes d'abondance.

La répétition des affirmations crée de nouvelles voies neurales dans le cerveau, renforçant les connexions synaptiques associées aux croyances renforçantes et affaiblissant les connexions associées aux croyances limitantes. Avec le temps et la pratique, les affirmations deviennent des croyances intériorisées, des convictions profondes qui se manifestent dans votre réalité extérieure.

Les affirmations dirigent également votre focus et votre attention. Ce sur quoi vous concentrez votre attention s'étend dans votre réalité. En répétant des affirmations positives sur les domaines de votre vie que vous souhaitez améliorer, vous dirigez votre focus sur les solutions, les possibilités, le potentiel positif, au lieu de vous concentrer sur les problèmes, les limitations et les obstacles. Ce focus positif attire dans votre vie des expériences, des opportunités et des ressources qui s'alignent sur vos affirmations.

De plus, les affirmations élèvent votre vibration énergétique. Les mots portent de l'énergie et une vibration. Les affirmations positives, formulées avec émotion et conviction, émettent une vibration énergétique élevée, qui résonne avec la fréquence de l'abondance, de la joie, de la santé et du succès. Cette vibration élevée attire dans votre vie des expériences et des personnes qui vibrent sur la même fréquence, créant un cercle vertueux de manifestation positive.

Principes clés pour des affirmations efficaces :

Pour que les affirmations soient réellement efficaces dans la co-création consciente, il est important de suivre quelques principes et directives :

Formulez les affirmations au présent : Utilisez toujours le temps présent lorsque vous formulez vos affirmations, comme si la réalité désirée était déjà une réalité actuelle. Évitez le futur ou le conditionnel, comme "Je vais avoir...", "J'aimerais être...", "Je pourrais avoir...". Le moment présent est le seul moment de pouvoir, et le subconscient répond mieux aux affirmations au présent.

Au lieu de dire "Je vais être riche", dites "Je suis riche et abondant dans tous les domaines de ma vie". Au lieu de dire "J'aimerais avoir la santé", dites "J'ai une santé parfaite et une vitalité rayonnante". Déclarez votre nouvelle réalité comme si elle était déjà une réalité présente et palpable.

Utilisez un langage positif et affirmatif : Formulez vos affirmations en utilisant un langage positif et affirmatif, en vous concentrant sur ce que vous souhaitez attirer et manifester, et non sur ce que vous souhaitez éviter ou éliminer. Évitez les mots négatifs, comme "non", "jamais", "sans", "contre", qui peuvent envoyer des signaux confus au subconscient et même attirer ce que vous ne voulez pas.

Au lieu de dire "Je ne veux plus de dettes", dites "Je suis libre de dettes et abondant en ressources financières". Au lieu de dire "Je ne veux pas tomber malade", dites "Je suis en bonne santé et plein de vitalité". Concentrez-vous sur le positif, le désirable, ce que vous voulez attirer dans votre vie.

Soyez spécifique et détaillé (mais flexible) : Dans certains domaines de la vie, il peut être utile de formuler des affirmations spécifiques et détaillées, incluant des détails sensoriels, émotionnels et contextuels, pour rendre votre projection plus vivante et dirigée. Par exemple, si vous souhaitez attirer une relation amoureuse, vous pouvez affirmer : "Je suis dans une relation amoureuse, passionnée et harmonieuse avec un(e) partenaire compatible, qui m'aime, me valorise et me soutient dans tous les aspects de la vie".

Cependant, dans d'autres domaines, il peut être plus bénéfique de garder les affirmations plus génériques et flexibles, permettant à l'univers de manifester votre intention de la manière la plus appropriée et surprenante. Par exemple, si vous souhaitez attirer plus d'abondance financière, vous pouvez affirmer : "Je suis un aimant pour l'abondance et la prospérité financière, et l'univers pourvoit toujours à mes besoins et désirs de manière surprenante et créative". Faites confiance à la sagesse de l'univers et laissez de la place à la manifestation divine.

Utilisez des affirmations courtes et mémorables : Formulez vos affirmations de manière courte, concise et mémorable, afin qu'il soit facile de les répéter et de les intérioriser. Les phrases longues et complexes peuvent être difficiles à mémoriser et à maintenir le focus. Choisissez des mots puissants et impactants, qui résonnent avec votre intention et qui sont faciles à répéter mentalement ou à voix haute.

Répétez les affirmations régulièrement et avec constance : La répétition est la clé de la programmation du subconscient. Répétez vos affirmations quotidiennement, idéalement plusieurs fois par jour, pendant au moins 5 à 10 minutes par session. La constance est plus importante que la durée des sessions. Il est préférable de répéter vos affirmations pendant quelques minutes tous les jours plutôt que pendant de longues périodes sporadiquement.

Définissez des moments spécifiques pour votre pratique d'affirmations : le matin au réveil, le soir avant de vous coucher, pendant votre trajet pour aller au travail, pendant l'exercice physique, ou chaque fois que vous ressentez le besoin de renforcer votre projection mentale. Créez un rituel personnel pour votre pratique d'affirmations, en les combinant avec la visualisation, la respiration consciente ou la musique inspirante, pour rendre l'expérience plus agréable et puissante.

Ressentez l'émotion des affirmations : Ne répétez pas vos affirmations simplement comme des mots vides, de manière mécanique et automatique. Ressentez l'émotion de vos affirmations, connectez-vous au sentiment de déjà posséder, déjà être ou déjà expérimenter la réalité que vous déclarez. Ressentez la joie, la gratitude, l'enthousiasme, la confiance, l'amour, la paix, associés à votre affirmation.

L'émotion est le catalyseur de la manifestation. Les affirmations chargées d'émotion positive ont un pouvoir de programmation subconsciente et de projection beaucoup plus grand que les affirmations répétées sans sentiment. Impliquez votre cœur dans vos affirmations et laissez les émotions amplifier votre pouvoir de co-création.

Exemples d'affirmations puissantes pour divers domaines de la vie :

Santé et Bien-être :

"J'ai une santé parfaite et une vitalité rayonnante." "Mon corps est fort, sain et plein d'énergie." "J'aime et je prends soin de mon corps avec gratitude et respect." "Je mérite une santé pleine et un bien-être à tous les niveaux."

Prospérité et Abondance :

"Je suis un aimant pour l'abondance et la prospérité financière." "L'abondance coule facilement et abondamment dans ma vie." "Je suis prospère et abondant dans tous les domaines de ma vie." "Je mérite de vivre une vie riche, prospère et pleine d'abondance."

Relations Amoureuses :

"J'attire des relations amoureuses, harmonieuses et significatives dans ma vie." "Je suis aimé(e) et accepté(e) inconditionnellement." "Je donne et je reçois de l'amour en abondance, de manière facile et naturelle." "Je mérite une relation amoureuse, heureuse et durable."

But et Réalisation :

"Je vis mon but de vie avec passion, joie et réalisation." "Je suis talentueux(se), créatif(ve) et capable d'atteindre mes rêves." "Je suis mon intuition et je fais confiance à mon chemin de vie." "Je mérite de vivre une vie pleine de sens, de but et de réalisation."

Paix Intérieure et Bonheur :

"Je ressens une paix intérieure profonde et une sérénité à tout moment." "Je suis reconnaissant(e) pour ma vie et les bénédictions qui m'entourent." "Je choisis d'être heureux(se) et de vivre avec joie et enthousiasme chaque jour." "Je mérite de vivre une vie pleine de paix, de bonheur et de contentement."

Pour commencer à utiliser le pouvoir des affirmations dans votre co-création consciente, réalisez l'exercice pratique suivant :

Exercice : Créer et Pratiquer des Affirmations Puissantes

Choisissez un domaine de votre vie où vous souhaitez manifester un changement positif (santé, prospérité, relations, but, etc.).

Identifiez une croyance limitante que vous pourriez avoir dans ce domaine de la vie, qui sabote votre manifestation. (Revoyez le Chapitre 10, si nécessaire).

Créez une ou plusieurs affirmations positives qui contrent cette croyance limitante et qui déclarent la réalité que vous souhaitez co-créer dans ce domaine de la vie, en suivant les principes que nous avons explorés dans ce chapitre.

Écrivez vos affirmations de manière claire et concise sur un papier ou dans un journal.

Choisissez un moment spécifique de votre journée pour pratiquer vos affirmations, pendant au moins 5 à 10 minutes.

Détendez votre corps et votre esprit, respirez profondément quelques fois et centrez-vous sur le moment présent.

Répétez vos affirmations à voix haute ou mentalement, avec conviction, foi et émotion positive. Sentez l'énergie des mots vibrer dans chaque cellule de votre corps.

Visualisez-vous en train de vivre la réalité déclarée dans vos affirmations, avec tous vos sens et vos émotions. Combinez la répétition des affirmations avec la visualisation pour renforcer votre projection mentale.

Pratiquez vos affirmations quotidiennement, avec persistance et dévouement. La constance est la clé de la programmation subconsciente et de la manifestation de votre nouvelle réalité.

Ajustez et affinez vos affirmations si nécessaire, au fur et à mesure que votre conscience s'étend et que vos désirs deviennent plus clairs. Les affirmations sont des outils dynamiques qui peuvent être adaptés et personnalisés à vos besoins et intentions spécifiques.

Le pouvoir des affirmations est un outil extraordinaire pour la co-création consciente. En déclarant votre nouvelle réalité avec des mots positifs, formulés au présent et chargés d'émotion, vous reprogrammez votre subconscient, dirigez votre énergie et accélérez le processus de manifestation de vos rêves. Commencez à utiliser le pouvoir des affirmations quotidiennement, dans tous les domaines de votre vie, et préparez-vous à témoigner de la transformation de votre réalité, à mesure que vous déclarez et vivez la vie de vos rêves !

Chapitre 14
Attirer l'Abondance et la Joie

La gratitude est la clé qui déverrouille le flux naturel de l'abondance et de la joie. Lorsque nous cultivons l'habitude de reconnaître et de valoriser les bénédictions présentes dans notre vie, nous ajustons notre vibration pour attirer encore plus de raisons de remercier. Au lieu de nous concentrer sur ce qui manque, nous commençons à percevoir la richesse qui nous entoure, amplifiant la sensation de contentement et de plénitude. Cet état d'appréciation sincère transforme non seulement notre perspective, mais renforce également la connexion avec l'univers, créant un cycle continu de prospérité et de bien-être.

La gratitude est une émotion puissante d'appréciation, de reconnaissance et de contentement pour les bénédictions de la vie. C'est la capacité de valoriser et d'apprécier ce que nous avons déjà, au lieu de nous concentrer sur ce qui manque ou sur ce que nous désirons atteindre. La gratitude n'est pas seulement un sentiment passager, mais une attitude mentale, un état d'être qui peut être cultivé et pratiqué consciemment, transformant notre perspective sur la vie et notre capacité à cocréer la réalité désirée.

Si les pensées et les croyances sont le langage de la projection, la visualisation la grammaire et les affirmations la voix, alors la gratitude est l'émotion qui dynamise et propulse ce langage vers la manifestation. La gratitude est comme le carburant à indice d'octane élevé qui alimente le moteur de la cocréation consciente, accélérant le processus de manifestation et le rendant plus doux, fluide et joyeux. C'est l'émotion qui transforme l'intention en réalité, le désir en expérience, la projection en manifestation.

Comment fonctionne le pouvoir de la gratitude ?

La gratitude fonctionne à plusieurs niveaux, influençant votre réalité interne et externe de manière profonde et transformatrice :

Elle élève votre vibration énergétique : La gratitude est une émotion à haute fréquence vibratoire, qui résonne avec l'énergie de l'abondance, de la joie, de l'amour et de la positivité. En cultivant la gratitude, vous élevez votre vibration énergétique personnelle, vous syntonisant avec la fréquence de la réalité que vous souhaitez cocréer. La loi de l'attraction stipule que le semblable attire le semblable, et en vibrant à la fréquence de la gratitude, vous attirez dans votre vie des expériences, des personnes et des opportunités qui résonnent avec cette même fréquence élevée.

Elle change votre focus vers le positif : La pratique de la gratitude dirige votre focus du manque vers l'abondance, de la négativité vers la positivité, du problème vers la solution. Au lieu de vous concentrer sur ce que vous n'avez pas, sur ce qui ne fonctionne pas, ou sur ce qui vous rend malheureux, la gratitude vous invite à reconnaître et à apprécier les bénédictions qui sont déjà présentes dans votre vie, aussi petites ou insignifiantes qu'elles puissent paraître. Ce focus positif élargit votre perception, ouvre vos yeux sur les opportunités et les ressources disponibles, et attire plus de raisons d'être reconnaissant dans votre réalité.

Elle ouvre le flux de l'abondance : La gratitude est comme une clé qui ouvre la porte au flux de l'abondance dans tous les domaines de votre vie. En appréciant ce que vous avez déjà, vous envoyez un message à l'univers que vous êtes ouvert et réceptif à l'abondance, que vous valorisez les bénédictions que vous recevez et que vous êtes prêt à en recevoir encore plus. L'univers répond à ce signal de gratitude, envoyant plus de bénédictions, plus d'opportunités et plus d'abondance dans votre vie, dans un cycle vertueux de don et de réception.

Elle amplifie la joie et le contentement : La gratitude augmente votre sensation de joie et de contentement avec la vie. En appréciant le moment présent et les bénédictions qui vous entourent, vous vous libérez de la recherche incessante de quelque chose de "plus" ou de "mieux" dans le futur, et vous commencez à savourer et à profiter de la beauté et de l'abondance qui existent déjà dans votre réalité actuelle. La gratitude transforme votre perspective, rendant l'ordinaire extraordinaire, le simple précieux, le quotidien magique.

Elle renforce les relations : La gratitude renforce vos relations avec les autres. Exprimer de la gratitude aux personnes qui font partie de votre vie nourrit les liens d'affection, renforce la connexion émotionnelle et crée un environnement d'harmonie et d'appréciation mutuelle. La gratitude dans les relations génère la réciprocité, la gentillesse et la générosité, créant des cercles vertueux d'amour et de soutien.

Comment pratiquer la gratitude consciemment :

Cultiver la gratitude comme une pratique quotidienne et consciente est un processus simple, mais profondément transformateur. Voici quelques techniques et suggestions pratiques pour intégrer la gratitude dans votre vie quotidienne :

Journal de Gratitude : Réservez quelques minutes chaque jour, de préférence le matin au réveil ou le soir avant de vous coucher, pour écrire dans un journal de gratitude. Notez 3 à 5 choses pour lesquelles vous vous sentez reconnaissant ce jour-là, ou dans votre vie en général. Il peut s'agir de choses grandes ou petites, matérielles ou immatérielles, quotidiennes ou spéciales. L'important est de reconnaître et d'apprécier les bénédictions qui vous entourent.

Exemples de choses pour lesquelles vous pouvez être reconnaissant : votre santé, votre famille, vos amis, votre maison, votre travail, la nature, la nourriture, l'eau, le soleil, votre capacité d'aimer, d'apprendre, de créer, etc. Variez votre liste de gratitude chaque jour, en cherchant toujours de nouvelles raisons de remercier.

Liste de Gratitude : Si vous préférez, au lieu d'écrire un journal, vous pouvez créer une liste mentale de gratitude avant de vous endormir ou au réveil. Pensez à plusieurs choses pour lesquelles vous vous sentez reconnaissant et savourez l'émotion de la gratitude pour chaque élément de la liste. Le simple fait de penser consciemment aux choses pour lesquelles vous êtes reconnaissant élève déjà votre vibration et ouvre le flux de l'abondance.

Marche de Gratitude : Transformez vos promenades quotidiennes en une pratique de gratitude. En marchant, observez le monde qui vous entoure et trouvez des raisons de remercier dans chaque détail : la beauté de la nature, l'air que vous respirez, le soleil qui réchauffe votre peau, les sons de la ville, les gens qui passent, etc. Sentez la gratitude remplir votre cœur pendant que vous marchez et appréciez les bénédictions qui vous entourent.

Affirmations de Gratitude : Intégrez des affirmations de gratitude dans votre pratique quotidienne d'affirmations. Créez des affirmations qui expriment votre gratitude pour les bénédictions que vous possédez déjà, et pour les bénédictions qui sont en chemin vers votre vie. Exemples d'affirmations de gratitude : "Je suis reconnaissant(e) pour toutes les bénédictions de ma vie", "Je remercie pour l'abondance qui coule constamment vers moi", "Je reconnais et j'apprécie la beauté et la magie de ma vie", "Je suis reconnaissant(e) d'avoir tout ce dont j'ai besoin et que je désire". Répétez ces affirmations avec émotion et conviction pour renforcer votre pratique de gratitude.

Lettres de Gratitude : Écrivez des lettres de gratitude aux personnes importantes dans votre vie, exprimant votre appréciation et votre reconnaissance pour l'impact positif qu'elles ont sur vous. Envoyez ces lettres (ou remettez-les en personne, si possible) pour renforcer vos relations et rayonner de la gratitude dans le monde. L'écriture de lettres de gratitude est une pratique puissante pour nourrir les liens affectifs et exprimer votre amour et votre reconnaissance aux personnes qui vous entourent.

Visualisation de la Gratitude : Combinez votre pratique de visualisation avec l'émotion de la gratitude. Pendant que vous visualisez la réalité désirée, ressentez une profonde gratitude pour l'expérimenter déjà, comme si elle était déjà une réalité présente. La gratitude amplifie le pouvoir de la visualisation et accélère le processus de manifestation.

Acte de Gratitude Quotidien : Choisissez un acte de gratitude conscient à pratiquer chaque jour. Il peut s'agir de quelque chose de simple comme remercier verbalement quelqu'un, faire un compliment sincère, offrir de l'aide à quelqu'un, faire un don, envoyer un message d'appréciation, etc. De petits actes de gratitude rayonnent une énergie positive dans le monde et renforcent votre attitude mentale de gratitude.

Conseils pour cultiver la gratitude :

Commencez petit et soyez constant : Vous n'avez pas besoin de transformer votre vie du jour au lendemain. Commencez par de petites pratiques de gratitude et soyez constant dans votre pratique quotidienne. La constance est plus importante que l'intensité initiale.

Cherchez la gratitude dans toutes les situations : Mettez-vous au défi de trouver des raisons de remercier même dans les situations difficiles ou négatives. Même dans les moments difficiles, il y a toujours des bénédictions déguisées ou des leçons à apprendre. La gratitude transforme votre perspective et vous aide à trouver le positif dans toutes les situations.

Soyez spécifique dans votre gratitude : Au lieu de remercier de manière générale, soyez précis sur ce pour quoi vous êtes reconnaissant et pourquoi. Au lieu de dire "Je suis reconnaissant(e) pour ma santé", dites "Je suis reconnaissant(e) pour mon énergie vibrante et la capacité de mon corps à se guérir et à fonctionner parfaitement". La spécificité rend la gratitude plus ressentie et plus puissante.

Ressentez l'émotion de la gratitude : Ne pratiquez pas la gratitude seulement de manière mentale ou superficielle. Ressentez l'émotion de la gratitude dans votre cœur, laissez-la remplir votre être, savourez la sensation d'appréciation et de contentement. L'émotion est ce qui donne vie et pouvoir à votre pratique de gratitude.

Partagez votre gratitude : Exprimer votre gratitude aux autres amplifie votre expérience de gratitude et renforce vos relations. Partagez votre gratitude avec les personnes que vous aimez, avec vos amis, avec votre famille, avec vos collègues, avec l'univers. Rayonnez de la gratitude dans le monde et voyez-la revenir multipliée dans votre vie.

Le pouvoir de la gratitude est immense et transformateur. En cultivant la gratitude comme une pratique quotidienne et consciente, vous élevez votre vibration énergétique, ouvrez le flux de l'abondance, amplifiez votre joie et votre contentement, renforcez vos relations et accélérez le processus de cocréation consciente. Commencez dès aujourd'hui à pratiquer la gratitude, dans tous les domaines de votre vie, et préparez-vous à attirer une réalité abondante, joyeuse et pleine de bénédictions. Ouvrez votre cœur à la gratitude et voyez la magie se manifester dans votre vie !

Chapitre 15
Amplifier Votre Projection

Les émotions positives sont la force motrice qui potentialise la manifestation de la réalité désirée. Plus que de simples sentiments passagers, elles fonctionnent comme des fréquences vibratoires élevées qui amplifient la projection mentale, attirant des expériences alignées avec cette énergie. Lorsque nous cultivons des états émotionnels comme la joie, la gratitude et l'enthousiasme, nous renforçons notre foi en la cocréation et éveillons un champ magnétique qui résonne avec l'abondance et la réalisation. Cette syntonie émotionnelle transforme non seulement notre perception du présent, mais accélère également la concrétisation de nos désirs, rendant le processus de manifestation plus fluide et naturel.

Les émotions positives, comme la joie, l'amour, l'enthousiasme, la gratitude, l'espoir, la confiance, la compassion et la paix, ne sont pas seulement des états d'esprit agréables ou de "bons sentiments". Ce sont des forces énergétiques vibrantes, de puissants catalyseurs de la cocréation consciente, qui agissent comme des amplificateurs de votre intention, propulsant votre projection mentale avec une énergie incomparable. Les émotions positives sont la "combustion turbocompressée" du moteur de la manifestation, l'ingrédient secret qui transforme le potentiel en réalité, le désir en expérience tangible.

Si les pensées et les croyances sont le langage, la visualisation la grammaire, les affirmations la voix, et la gratitude le carburant, alors les émotions positives sont l'électricité qui allume la lampe de la projection consciente, illuminant le chemin de la manifestation et irradiant votre intention vers l'univers avec une force irrésistible. Les émotions positives sont l'essence même de la force vitale, l'énergie créatrice en mouvement, la danse vibrante de la conscience se manifestant dans la réalité.

Comment les émotions positives amplifient-elles votre projection ?

Les émotions positives agissent comme des amplificateurs de votre projection mentale à travers divers mécanismes interconnectés :

Elles augmentent votre fréquence vibratoire : Comme nous l'avons mentionné au chapitre précédent, les émotions positives vibrent à une fréquence énergétique plus élevée que les émotions négatives, comme la peur, la colère, la tristesse ou la culpabilité. En cultivant des émotions positives, vous élevez votre fréquence vibratoire globale, vous syntonisant avec la fréquence de l'abondance, de la joie, de la santé et du succès. Cette vibration élevée attire dans votre vie des expériences qui résonnent avec cette même fréquence, comme un aimant attire la limaille de fer.

Elles renforcent votre croyance et votre foi : Les émotions positives renforcent votre croyance en la possibilité de la manifestation et votre foi dans le processus de cocréation consciente. Lorsque vous vous sentez joyeux, enthousiaste et confiant, votre esprit subconscient devient plus réceptif à vos intentions et désirs, dissipant les doutes et les résistances internes. Les émotions positives agissent comme un puissant "placebo" mental, convainquant votre subconscient que la réalité désirée est réelle, possible et en voie de se concrétiser.

Elles dirigent votre focus sur le potentiel et les opportunités : Les émotions positives élargissent votre perception et ouvrent vos yeux sur le potentiel et les opportunités qui vous entourent. Lorsque vous vous sentez optimiste et plein d'espoir, vous devenez plus réceptif aux nouvelles idées, aux solutions créatives, aux synchronicités et aux "coïncidences" significatives qui peuvent propulser la manifestation de vos désirs. Les émotions positives agissent comme un "radar" mental, vous guidant vers les chemins, les personnes et les situations qui s'alignent avec votre intention.

Elles augmentent votre énergie et votre motivation : Les émotions positives énergisent votre corps et votre esprit, augmentant votre motivation à agir en direction de vos objectifs et à surmonter les défis qui peuvent surgir sur le chemin de la manifestation. Lorsque vous vous sentez inspiré et enthousiaste, vous devenez plus proactif, plus résilient et plus persévérant dans la poursuite de vos rêves. Les émotions positives agissent comme un "boost" d'énergie, vous poussant à agir avec confiance et détermination.

Elles créent un champ d'attraction magnétique : Les émotions positives irradient vers le monde, créant un champ d'attraction magnétique qui attire dans votre vie des personnes, des situations et des ressources qui s'alignent avec votre vibration et vos intentions. Les émotions positives agissent comme un "phare" énergétique, émettant un signal clair à l'univers que vous êtes ouvert et réceptif à l'abondance, à la joie et à l'amour. L'univers répond à ce signal, vous envoyant ce que vous irradiez, dans un cycle de feedback positif et continu.

Comment cultiver et amplifier les émotions positives :

Cultiver et amplifier les émotions positives dans votre vie quotidienne est un processus continu et intentionnel, qui implique diverses pratiques et approches :

Pratiques de Gratitude Consciente : Comme nous l'avons exploré au chapitre précédent, la pratique quotidienne de la gratitude est l'une des formes les plus efficaces de cultiver et d'amplifier les émotions positives. Réservez des moments de votre journée pour reconnaître et apprécier les bénédictions de votre vie, grandes et petites, et ressentez l'émotion de la gratitude emplir votre cœur.

Méditation et Pleine Conscience : La méditation et la pleine conscience sont des outils puissants pour calmer l'esprit, réduire le stress et l'anxiété, et ouvrir l'espace pour que les émotions positives s'épanouissent. Pratiquez la méditation régulièrement, en vous concentrant sur la respiration, les sensations corporelles ou des visualisations guidées qui évoquent des émotions positives, comme l'amour, la compassion et la joie.

Activités Plaisantes et Inspirantes : Consacrez du temps régulièrement à des activités qui vous apportent plaisir, joie et inspiration. Il peut s'agir de loisirs créatifs, d'activités dans la nature, de moments de convivialité avec des personnes chères, de pratiques artistiques, de sport, de lecture inspirante, d'écouter de la musique qui vous élève, etc. Investissez du temps et de l'énergie dans des activités qui nourrissent votre âme et qui évoquent des émotions positives en votre être.

Affirmations et Visualisations Positives : Utilisez des affirmations et des visualisations positives pour programmer votre esprit subconscient avec des émotions stimulantes. Combinez vos affirmations et visualisations avec l'émotion authentique de la joie, de l'amour, de la gratitude et de l'enthousiasme. Ressentez les émotions positives emplir votre être pendant que vous répétez les affirmations et visualisez la réalité désirée.

Entourez-vous de Positivité : Cultivez des relations positives avec des personnes qui vous soutiennent, vous inspirent et vous élèvent. Recherchez la compagnie de personnes qui irradient la joie, l'optimisme et l'enthousiasme pour la vie. Réduisez ou éliminez le contact avec des personnes négatives, toxiques ou pessimistes, qui drainent votre énergie et minent vos émotions positives. Créez un environnement positif autour de vous, en vous entourant de beauté, d'harmonie, de couleurs joyeuses, de musique inspirante et de stimuli sensoriels qui évoquent des émotions positives.

Pratiquez l'Autocompassion et l'Amour de Soi : Traitez-vous avec gentillesse, compassion et amour inconditionnel. Pardonnez-vous vos erreurs, acceptez vos imperfections, célébrez vos qualités et vos réussites. Cultivez un dialogue interne positif et encourageant, et nourrissez votre estime de soi et votre confiance en vous. L'amour-propre est la base pour que toutes les autres émotions positives s'épanouissent dans votre vie.

Acte de Bonté Quotidien : Pratiquez des actes de bonté et de générosité envers les autres quotidiennement. Aider les autres, faire sourire quelqu'un, offrir un geste de tendresse, pratiquer la compassion et l'empathie, sont des moyens puissants de générer des émotions positives en vous et chez les autres, créant un cercle vertueux de bonté et de joie.

Intégrer les émotions positives dans votre cocréation :

Pour intégrer le pouvoir des émotions positives dans votre pratique de cocréation consciente, expérimentez les stratégies pratiques suivantes :

Commencez chaque journée avec gratitude et joie : Au réveil, avant de commencer votre journée, réservez quelques minutes pour ressentir de la gratitude pour les bénédictions de votre vie et pour évoquer des émotions de joie et d'enthousiasme pour la journée qui commence. Cette pratique matinale définit le ton émotionnel pour toute la journée et prépare votre esprit et votre cœur à attirer des expériences positives.

Visualisez et affirmez avec émotion : Lorsque vous pratiquez la visualisation et les affirmations, impliquez consciemment vos émotions positives.

Ressentez la joie, la gratitude, l'enthousiasme, l'amour, la confiance, pendant que vous visualisez la réalité désirée et que vous répétez vos affirmations. Laissez les émotions amplifier le pouvoir de votre projection mentale et votre intention de manifestation.

Utilisez l'émotion comme un guide : Prêtez attention à vos émotions tout au long de la journée comme un guide indicateur de votre alignement avec votre cocréation consciente. Les émotions positives indiquent que vous vibrez à la fréquence de la réalité désirée et que vous attirez des expériences positives. Les émotions négatives signalent un désalignement et une invitation à réorienter vos pensées, croyances et intentions, et à cultiver des émotions plus positives.

Célébrez les petites victoires et les progrès : Tout au long du processus de cocréation, célébrez les petites victoires, les progrès progressifs et les synchronicités qui surgissent dans votre vie comme des signes que votre projection fonctionne et que la réalité désirée est en voie de manifestation. La célébration renforce votre foi, augmente votre motivation et amplifie vos émotions positives, accélérant encore plus le processus de cocréation.

Le pouvoir des émotions positives est une force transformatrice dans la cocréation consciente. En cultivant et en amplifiant les émotions positives dans votre vie quotidienne, vous élevez votre vibration énergétique, renforcez votre croyance, dirigez votre focus, augmentez votre énergie et créez un champ d'attraction magnétique pour la réalité désirée. Commencez dès aujourd'hui à intégrer le pouvoir des émotions positives dans votre pratique de cocréation, et préparez-vous à assister à une amplification extraordinaire de votre capacité à manifester la vie de vos rêves, avec joie, fluidité et abondance !

Chapitre 16
Surmonter la Résistance

Le chemin de la cocréation consciente exige plus que des connaissances et de l'intention ; il demande de surmonter les barrières internes qui surgissent inévitablement tout au long du voyage. Faire face à la résistance ne signifie pas un échec, mais plutôt une invitation à la croissance et à la transformation. C'est à ce moment-là que se révèle la véritable force du cocréateur : en reconnaissant et en comprenant les défis internes, il devient possible de dissoudre les limitations imposées par les croyances enracinées, les peurs et les schémas conditionnés. Ainsi, chaque obstacle se transforme en un tremplin vers l'évolution, renforçant la connexion avec son propre pouvoir créatif et conduisant à une manifestation plus alignée et consciente de la réalité désirée.

La résistance dans la cocréation consciente se manifeste de différentes manières, comme des doutes, des peurs, des croyances limitantes persistantes, un sabotage inconscient, un manque de patience, du découragement ou la sensation que "ça ne marche pas". Cette résistance n'est pas un signe d'échec ou que la cocréation consciente n'est pas réelle, mais plutôt un processus naturel de croissance et de transformation. La résistance est comme la friction que nous ressentons lorsque nous déplaçons un objet lourd : elle demande plus d'efforts, mais elle renforce également nos muscles et augmente notre capacité à surmonter les obstacles.

La résistance surgit parce que la cocréation consciente implique un profond changement de paradigme, une transformation de notre façon de penser, de ressentir et d'agir dans le monde. Nous sommes en train de désapprendre des schémas de pensée et de comportement conditionnés par la peur, la limitation et la passivité, et de réapprendre à vivre à partir d'un lieu de pouvoir, d'intention et de conscience. Cette transition n'est pas toujours facile ou immédiate, et il est naturel de rencontrer de la résistance en cours de route.

Il est essentiel de comprendre la nature de la résistance pour pouvoir la surmonter efficacement. La résistance peut avoir différentes origines :

Croyances limitantes profondément enracinées : Même après le travail de libération des croyances limitantes que nous avons exploré au chapitre 10, certaines croyances négatives peuvent rester enracinées dans le subconscient, exerçant une influence subtile mais persistante sur notre projection mentale. Ces croyances peuvent générer des doutes, des peurs et un sabotage inconscient, sapant nos efforts de cocréation consciente.

Programmation passée et Conscience Collective : Nous avons été conditionnés depuis l'enfance à croire en une réalité limitée, basée sur la pénurie, la lutte et l'impuissance. L'influence de la Conscience Collective, avec ses croyances dominantes et limitantes, peut également générer une résistance au changement vers une réalité d'abondance, de facilité et de pouvoir personnel.

Peur du changement et de l'inconnu : La cocréation consciente nous invite à sortir de notre zone de confort, à abandonner le familier et le connu, et à nous aventurer dans un territoire nouveau et inconnu, où nous sommes les auteurs de notre propre réalité. Ce processus peut générer de la peur, de l'anxiété et de l'insécurité, surtout au début, lorsque les résultats de la cocréation consciente ne sont pas encore totalement visibles.

Manque de patience et attentes irréalistes : La manifestation de la réalité désirée à travers la cocréation consciente ne se produit pas toujours de manière instantanée ou immédiate. Elle demande du temps, de la persévérance, de la pratique et, surtout, de la patience. Le manque de patience et les attentes irréalistes de résultats rapides peuvent conduire au découragement, à la frustration et à l'abandon prématuré de la pratique de la cocréation consciente.

Tests de l'Univers et défis de croissance : Parfois, les défis et les obstacles que nous rencontrons sur le chemin de la cocréation consciente peuvent être des tests de l'univers pour évaluer notre détermination, notre foi et notre alignement avec notre intention. Ces défis peuvent également être des opportunités de croissance personnelle, de développement de la résilience, de dépassement des limitations et d'expansion de notre conscience.

Stratégies pour surmonter la résistance et naviguer à travers les défis :

Surmonter la résistance et naviguer à travers les défis de la cocréation consciente exige de la conscience, de la stratégie, de la persévérance et, surtout, de l'autocompassion. Voici quelques stratégies pratiques et efficaces :

Reconnaissez et acceptez la résistance comme naturelle : La première étape consiste à reconnaître et à accepter la résistance comme une partie normale et naturelle du processus de cocréation consciente. Ne vous critiquez pas et ne vous jugez pas parce que vous ressentez de la résistance. Au lieu de cela, considérez la résistance comme un signe que vous défiez vos limites, que vous élargissez votre conscience et que vous grandissez au-delà de votre zone de confort. La résistance est un indicateur que vous êtes sur la bonne voie, en train de transformer votre réalité.

Identifiez l'origine de la résistance : Cherchez à identifier les causes sous-jacentes de votre résistance. Demandez-vous : "Quelle est la peur ou le doute qui se cache derrière cette résistance ? Quelle croyance limitante est activée ? Quel schéma de pensée négatif sabote ma projection ?". En comprenant l'origine de la résistance, vous pouvez l'aborder de manière plus consciente et efficace.

Réaffirmez votre engagement envers la cocréation consciente : Lorsque la résistance surgit, renforcez votre engagement envers la cocréation consciente, en vous rappelant vos désirs authentiques, vos valeurs les plus profondes et votre but dans la vie. Relisez vos intentions écrites, revoyez vos visualisations, répétez vos affirmations et reconnectez-vous à votre motivation initiale pour vous lancer dans ce voyage transformateur. Réaffirmez votre pouvoir de Projecteur Intérieur et votre détermination à cocréer la réalité de vos rêves.

Transformez les croyances limitantes persistantes : Si vous identifiez des croyances limitantes persistantes derrière votre résistance, renforcez le travail de libération des croyances limitantes que nous avons exploré au chapitre 10. Utilisez les techniques de questionnement logique, de réinterprétation de l'expérience, de recherche d'exceptions et de remplacement par des croyances renforçantes pour démanteler et transformer ces croyances négatives. La persévérance dans la transformation des croyances limitantes est essentielle pour surmonter la résistance et ouvrir la voie à la manifestation.

Cultivez la patience et la persévérance : Rappelez-vous que la cocréation consciente est un processus graduel, pas un événement instantané. Cultivez la patience avec vous-même et avec le rythme de l'univers. Ayez confiance que la réalité désirée se manifeste au moment parfait et de la manière la plus appropriée. Persistez dans votre pratique de visualisation, d'affirmations, de gratitude et d'émotions positives, même lorsque les résultats ne sont pas immédiatement visibles. La persévérance est la clé pour briser la résistance et récolter les fruits de la cocréation consciente.

Célébrez les petits progrès et les synchronicités : Au lieu de vous concentrer sur ce qui ne s'est pas encore manifesté, célébrez les petits progrès, les synchronicités et les petites victoires qui surviennent en cours de route. Reconnaissez et appréciez chaque signe que votre projection fonctionne, chaque "coïncidence" significative, chaque opportunité inattendue, chaque petite amélioration dans votre réalité. La célébration renforce votre foi, augmente votre motivation et amplifie les émotions positives, créant un cercle vertueux de manifestation.

Cherchez du soutien et de l'inspiration : Lorsque vous vous sentez découragé ou submergé par la résistance, cherchez du soutien et de l'inspiration auprès de sources externes. Parlez à des amis ou à des mentors qui comprennent le voyage de la cocréation consciente, participez à des groupes de soutien en ligne ou en personne, lisez des livres inspirants, écoutez des podcasts motivants, regardez des vidéos édifiantes. Le soutien et l'inspiration extérieure peuvent vous donner un coup de pouce supplémentaire d'énergie et de motivation pour surmonter la résistance et continuer à avancer.

Recadrez les défis comme des opportunités de croissance : Au lieu de considérer les défis et les obstacles comme des signes d'échec ou que la cocréation consciente "ne fonctionne pas", recadrez-les comme des opportunités de croissance personnelle et de renforcement de votre capacité de cocréation. Demandez-vous : "Que puis-je apprendre de ce défi ? Comment puis-je utiliser cette situation pour élargir ma conscience et renforcer ma foi ? Quelles nouvelles qualités et capacités puis-je développer en surmontant cet obstacle ?". Le recadrage des défis transforme la résistance en un tremplin pour votre croissance et pour la manifestation de votre réalité désirée.

Pratiquez l'autocompassion et la bienveillance envers vous-même : Soyez gentil et compatissant envers vous-même lorsque vous naviguez à travers la résistance et les défis de la cocréation consciente. Ne vous mettez pas trop de pression, ne vous critiquez pas pour vos erreurs ou vos doutes, ne vous comparez pas aux autres. Traitez-vous avec la même compréhension, la même patience et le même amour que vous offririez à un ami cher qui traverse une période difficile. L'autocompassion et la bienveillance renforcent votre résilience et votre capacité à surmonter la résistance avec légèreté et équilibre.

La résistance est une partie inévitable du voyage de la cocréation consciente, mais elle n'a pas besoin d'être un obstacle insurmontable. En comprenant la nature de la résistance, en utilisant des stratégies efficaces pour la surmonter et en cultivant la patience, la persévérance et l'autocompassion, vous pouvez naviguer à travers les défis avec confiance et détermination, transformant la résistance en un tremplin pour votre croissance personnelle et pour la manifestation de la réalité de vos rêves. Rappelez-vous que la résistance est un signe que vous avancez, que vous élargissez votre conscience et que vous cocréez une vie de plus en plus alignée avec votre potentiel illimité. Embrassez la résistance comme faisant partie du voyage, et continuez à danser avec la projection consciente, en surmontant tous les défis avec grâce et puissance !

Chapitre 17
S'abandonner à l'Univers et Lâcher Prise

Le voyage de la cocréation consciente atteint un nouveau niveau lorsque nous reconnaissons que le véritable pouvoir ne réside pas seulement dans le fait de diriger la réalité avec intention et concentration, mais aussi dans le fait de permettre à l'univers d'agir avec son intelligence infinie. L'équilibre entre l'action et l'abandon s'avère essentiel, car lorsque nous faisons confiance au flux de la vie et que nous nous libérons du besoin de contrôle, nous ouvrons l'espace pour que les manifestations se produisent de la manière la plus élevée et la plus harmonieuse. Ce processus ne signifie pas la passivité, mais plutôt une collaboration active et consciente avec des forces supérieures, où la syntonie entre le désir et la confiance permet une création plus fluide, naturelle et expansive.

La cocréation consciente ne consiste pas seulement à imposer notre volonté à l'univers, en façonnant la réalité à notre image et à notre ressemblance. Il s'agit également de collaborer avec l'intelligence infinie de l'univers, de faire confiance au flux de la vie et de permettre à la sagesse divine de nous guider au-delà de nos plans limités. Il s'agit de trouver l'équilibre parfait entre l'intention focalisée et l'abandon confiant, entre l'effort conscient et le lâcher-prise gracieux.

Le besoin de contrôle est une illusion du mental égoïque, une tentative de saisir et de manipuler la réalité pour nous sentir en sécurité et protégés. Le contrôle excessif, paradoxalement, génère de la résistance, de la tension et de l'anxiété, bloquant le flux naturel de l'abondance et de la joie. Lorsque nous essayons de contrôler chaque détail du processus de manifestation, nous nous fermons à la spontanéité, à la créativité et aux merveilleuses surprises que l'univers a à nous offrir.

La véritable cocréation consciente s'épanouit lorsque nous apprenons à danser avec l'abandon, lorsque nous avons confiance que l'univers conspire en notre faveur, même lorsque le chemin à suivre n'est pas clair ou lorsque les résultats ne correspondent pas exactement à nos attentes initiales. L'abandon n'est pas la passivité ou la résignation, mais plutôt un état de réceptivité active, de confiance profonde et d'ouverture au flux de la vie. C'est la sagesse de planter les graines de l'intention avec concentration et clarté, puis de laisser l'univers les nourrir et les faire fleurir au moment parfait et de la manière la plus appropriée.

Les Paradoxes de l'Intention et de l'Abandon :

Il peut sembler paradoxal de parler d'intention focalisée et d'abandon confiant dans la même phrase. Ne sont-ce pas des concepts opposés ? Comment est-il possible d'être simultanément intentionnel et abandonné ? C'est précisément dans ce paradoxe que réside la clé de la maîtrise de la cocréation consciente.

L'intention est la boussole qui dirige notre énergie créatrice, le phare qui illumine le chemin de la manifestation, la graine que nous plantons avec clarté et détermination. L'abandon est l'eau qui nourrit la graine, le soleil qui la réchauffe, la terre qui la soutient, le vent qui disperse ses pétales, lui permettant de croître et de s'épanouir de manière naturelle et organique, au-delà de notre contrôle limité.

L'intention sans abandon peut devenir rigidité, obsession et contrôle excessif, générant tension, anxiété et résistance. L'abandon sans intention peut devenir passivité, inertie et manque de direction, entraînant frustration, découragement et manque de réalisation. La danse de la cocréation consciente consiste à trouver l'équilibre dynamique entre ces deux pôles, en intégrant la force de l'intention focalisée à la légèreté de l'abandon confiant.

Principes de la Danse de l'Abandon :

Pour danser avec l'abandon dans la cocréation consciente, nous pouvons cultiver quelques principes clés :

Confiance en l'Univers et en l'Intelligence Infinie : Le principe fondamental de l'abandon est la confiance profonde en l'univers, en l'intelligence infinie qui gouverne la création, en la sagesse divine qui guide le flux de la vie. Ayez confiance que l'univers est bienveillant, abondant et qu'il conspire toujours en votre faveur, même lorsque les apparences indiquent le contraire. Ayez confiance qu'il existe un plan plus grand en action, au-delà de votre compréhension limitée, et que ce plan œuvre pour votre plus grand bien, même lorsque le chemin devient sinueux ou difficile.

Libération du Contrôle Excessif et de l'Attachement au Résultat : Apprenez à vous libérer du contrôle excessif sur le processus de manifestation et de l'attachement obsessionnel au résultat spécifique. Définissez vos intentions avec clarté et concentration, visualisez la réalité désirée avec émotion et conviction, répétez vos affirmations avec foi et persévérance, mais ensuite, abandonnez le résultat à l'univers, en ayant confiance qu'il se manifestera au moment parfait et de la manière la plus appropriée. Détachez-vous du besoin de contrôler comment, quand et où votre intention se manifestera, et ouvrez-vous à la possibilité que l'univers vous surprenne avec des solutions et des chemins encore meilleurs que ceux que vous pourriez imaginer.

Acceptation du Moment Présent et du Flux de la Vie : L'abandon implique d'accepter le moment présent tel qu'il est, sans résistance, sans jugement, sans lamentations sur le passé ni anxiété sur le futur. Acceptez les circonstances actuelles comme un point de départ, comme une marche dans votre voyage de cocréation consciente, et ayez confiance que l'univers vous guide vers la prochaine étape sur le chemin de la manifestation. Suivez le rythme naturel de la vie, avec ses hauts et ses bas, ses cycles de création et de destruction, sa danse constante de changement et de transformation.

Écouter l'Intuition et Suivre l'Orientation Intérieure : L'abandon ouvre l'espace pour écouter votre intuition et suivre l'orientation intérieure que l'univers vous envoie à travers des signes, des synchronicités, des rêves, des intuitions et des inspirations. Soyez attentif aux murmures de votre âme, aux messages de votre cœur, aux impulsions créatives qui surgissent spontanément dans votre esprit. Faites confiance à votre sagesse intérieure et suivez l'orientation divine qui vous guide vers le chemin de la manifestation le plus aligné avec votre but et votre plus grand bien.

Gratitude pour le Processus et pas Seulement pour le Résultat : Cultivez la gratitude non seulement pour le résultat final de la manifestation, mais aussi pour le processus lui-même. Appréciez chaque étape du voyage, chaque défi surmonté, chaque apprentissage acquis, chaque petite victoire célébrée. Reconnaissez la beauté et la magie de chaque moment présent, même lorsque le chemin semble incertain ou difficile. La gratitude pour le processus renforce votre foi, nourrit votre persévérance et rend le voyage de la cocréation consciente plus agréable et significatif.

Abandon au Flux Divin et à la Volonté Supérieure : L'abandon le plus profond implique de se rendre au flux divin, à la volonté supérieure de la Conscience Unique, en reconnaissant que vous n'êtes qu'un instrument dans la danse cosmique de la création. Abandonnez vos désirs et vos intentions à une force plus grande que vous, en ayant confiance que la sagesse divine vous guidera au-delà de vos plans limités, vers une destinée plus élevée et plus pleine de sens que celle que vous pourriez imaginer. Cet abandon n'est pas une abdication de votre pouvoir personnel, mais plutôt son expression la plus élevée, la collaboration consciente avec l'intelligence infinie de l'univers pour la manifestation du bien le plus élevé pour vous et pour toute la création.

Pratiquer l'Abandon dans la Cocréation Consciente :

Pour intégrer la danse de l'abandon dans votre pratique de cocréation consciente, essayez les suggestions pratiques suivantes :

Méditation de l'Abandon : Réservez des moments quotidiens pour la méditation de l'abandon. Asseyez-vous en silence, respirez profondément et imaginez-vous en train d'abandonner vos désirs et vos intentions à l'univers, comme si vous déposiez des graines dans un jardin fertile et que vous aviez confiance qu'elles fleuriront au moment parfait. Visualisez-vous en train de lâcher prise, de vous détacher de l'attachement au résultat, et de vous ouvrir à la sagesse et à l'orientation divine. Sentez la paix, la confiance et la sérénité de l'abandon vous envahir.

Affirmations d'Abandon : Incorporez des affirmations d'abandon dans votre pratique quotidienne. Exemples d'affirmations d'abandon : "Je fais confiance au flux de l'univers et j'abandonne mes désirs à la sagesse divine", "Je lâche prise et je permets à l'univers de manifester mes rêves de la meilleure façon possible", "Je fais confiance à l'orientation de mon intuition et je suis le flux de la vie avec sérénité et confiance", "J'accepte le moment présent avec gratitude et je m'ouvre aux merveilleuses surprises que l'univers a pour moi". Répétez ces affirmations avec conviction et foi, pour reprogrammer votre subconscient avec l'attitude de l'abandon.

Visualisation de l'Abandon: Combinez votre pratique de visualisation avec l'image de l'abandon. Visualisez-vous en train d'abandonner vos désirs et intentions à l'univers, comme si vous lanciez un bateau en papier dans une rivière et que vous ayez confiance qu'il naviguera en sécurité jusqu'à sa destination finale. Visualisez vous ouvrant les mains, lâchant prise, et permettant au courant de la vie de vous guider au delà de vos attentes limitées. Sentez la légèreté, la liberté et la confiance de l'abandon envelopper votre être.

Actions Inspirées et Détachement du Résultat : Lorsque vous agissez en direction de vos objectifs, cherchez à suivre votre intuition et vos impulsions inspirées, plutôt que d'essayer de contrôler chaque étape du chemin de manière rigide et planifiée. Donnez le meilleur de vous-même dans chaque action, avec concentration et dévouement, mais détachez-vous du résultat spécifique. Ayez confiance que l'univers coordonnera les événements, les personnes et les circonstances de manière à s'aligner avec votre intention, même si le résultat final est différent de ce que vous avez initialement imaginé. Soyez ouvert aux surprises et aux rebondissements du destin, et ayez confiance que tout se passe pour votre plus grand bien.

Acceptation des "Détours" et des "Retards" comme faisant partie du Plan Divin : Lorsque le chemin de la manifestation devient sinueux, lorsque des "détours" ou des "retards" apparemment indésirables surviennent, cherchez à accepter ces situations comme faisant partie du plan divin, comme des opportunités d'apprentissage, de croissance et de réalignement avec votre intention initiale. Au lieu de résister ou de vous lamenter sur les "détours", cherchez à apprendre d'eux, à vous adapter aux nouvelles circonstances, et à avoir confiance que l'univers vous guide vers une destination encore meilleure que celle que vous aviez initialement prévue. Souvent, les "détours" et les "retards" sont des déviations apparentes qui nous mènent vers un chemin encore plus aligné avec notre but et notre bonheur.

La danse de l'abandon est l'art d'harmoniser l'intention focalisée avec la confiance inébranlable en l'univers. C'est la sagesse de planter les graines de vos désirs avec clarté et détermination, puis de laisser l'univers les nourrir et les faire fleurir au moment parfait et de la manière la plus appropriée. En apprenant à danser avec l'abandon, vous vous libérez du poids du contrôle excessif, vous vous ouvrez à la magie de la synchronicité, et vous permettez à l'abondance, à la joie et à l'accomplissement de couler librement dans votre vie. Commencez dès aujourd'hui à pratiquer la danse de l'abandon, et découvrez la légèreté, la fluidité et la beauté de cocréer votre réalité en harmonie avec l'univers !

Chapitre 18
Cocréation Consciente en Mouvement

La cocréation consciente prend vie lorsque nous unissons intention et action, permettant à nos désirs de se transformer en réalité à travers des mouvements alignés avec notre essence. Il ne suffit pas seulement de rêver, de visualiser ou d'affirmer ; il est nécessaire d'agir de manière inspirée, en suivant les impulsions qui naissent de l'intuition et de l'alignement intérieur. Chaque pas fait avec confiance et détermination devient un lien entre l'invisible et le tangible, ouvrant la voie à des opportunités, des synchronicités et des manifestations qui reflètent la connexion profonde entre notre conscience et l'univers en constant flux.

La cocréation consciente n'est pas seulement un processus interne et mental, qui se limite au domaine des pensées, des croyances et des émotions. C'est aussi un processus dynamique et actif, qui se manifeste dans le monde à travers nos actions, nos choix et nos comportements. L'action inspirée est le pont qui relie le monde intérieur de l'intention et de la projection au monde extérieur de la réalité manifeste. C'est le mouvement, le flux, la danse qui met la cocréation consciente en action, la rendant tangible et palpable dans notre vie quotidienne.

L'action inspirée n'est pas une action quelconque, mécanique ou automatique, motivée par la peur, l'obligation ou l'attente extérieure. C'est une action qui naît de l'intuition, de l'alignement avec notre vérité intérieure, de la résonance avec notre but de vie, de l'orientation divine que nous recevons à travers notre conscience élargie. L'action inspirée est légère, fluide, naturelle, spontanée, et chargée d'enthousiasme, de joie et de passion. C'est une action qui nous propulse vers l'avant avec confiance, qui nous guide vers les bonnes opportunités, qui nous aligne avec les personnes et les circonstances qui s'harmonisent avec notre intention.

Si les pensées et les croyances sont le langage, la visualisation la grammaire, les affirmations la voix, la gratitude le carburant, les émotions positives l'électricité, et le lâcher-prise la danse, alors l'action inspirée est le corps en mouvement, l'expression physique de la cocréation consciente qui se manifeste dans le monde. C'est la matérialisation de l'intention, la concrétisation de la vision, la traduction des rêves en réalité palpable. L'action inspirée est le pont entre l'invisible et le visible, entre le potentiel et la manifestation, entre la conscience et l'expérience.

Caractéristiques de l'Action Inspirée :

L'action inspirée se distingue de l'action ordinaire par quelques caractéristiques essentielles :

Née de l'Intuition et de l'Orientation Intérieure : L'action inspirée n'est pas motivée par la logique rationnelle, le calcul stratégique ou la pression extérieure, mais plutôt par la voix douce et sage de l'intuition, par l'orientation intérieure qui surgit de notre cœur, de notre âme, de notre connexion avec la Conscience Unique. C'est une action que nous ressentons comme "juste", comme "alignée", comme "naturelle", même si le mental rationnel ne comprend pas totalement pourquoi. L'action inspirée surgit d'un lieu de sagesse intérieure qui transcende le mental logique et linéaire.

Légèreté, Fluidité et Facilité : L'action inspirée n'est pas forcée, tendue ou lourde, mais plutôt légère, fluide et facile. Lorsque nous agissons inspirés, nous sentons que nous "suivons le courant", que l'univers conspire en notre faveur, que les portes s'ouvrent spontanément, que les synchronicités se manifestent naturellement, que les obstacles se dissolvent avec facilité. L'action inspirée est ressentie comme agréable, gratifiante et énergisante, plutôt qu'épuisante, frustrante ou décourageante.

Enthousiasme, Joie et Passion : L'action inspirée est motivée par la passion, l'enthousiasme et la joie. C'est une action qui nous fait nous sentir vivants, enthousiastes et réalisés. Lorsque nous agissons inspirés, nous sentons un feu intérieur nous propulser vers l'avant, une énergie vibrante qui nous meut avec confiance et détermination. L'action inspirée est ressentie comme enthousiasmante, motivante et inspirante, tant pour nous que pour les autres qui sont touchés par notre action.

Alignement avec le But et les Valeurs : L'action inspirée est alignée avec notre but de vie et avec nos valeurs les plus profondes. C'est une action qui contribue à notre réalisation personnelle, à notre croissance spirituelle, et au bien-être de tous les êtres impliqués. L'action inspirée est ressentie comme significative, précieuse et pleine de sens, plutôt que vide, superficielle ou égoïste.

Ouverture à la Synchronicité et à la Magie : L'action inspirée ouvre l'espace pour la synchronicité et la magie de se manifester dans notre vie. Lorsque nous agissons inspirés, l'univers répond avec des signes, des coïncidences et des événements apparemment "miraculeux" qui nous guident sur le chemin de la manifestation, qui nous connectent avec les bonnes personnes et les bonnes opportunités, qui nous révèlent des solutions inattendues et créatives. L'action inspirée est ressentie comme magique, surprenante et remplie de synchronicités, comme si l'univers dansait avec nous en parfaite harmonie.

Comment Intégrer l'Action Inspirée dans la Cocréation Consciente :

Intégrer l'action inspirée dans votre pratique de cocréation consciente est un processus continu d'écoute intérieure, d'alignement avec l'intuition, et de réponse spontanée aux impulsions divines. Voici quelques stratégies pratiques pour cultiver et suivre l'action inspirée :

Cultiver l'Écoute Intérieure et l'Intuition : Le premier pas vers l'action inspirée est de développer la capacité d'écouter la voix de votre intuition et de faire confiance à votre orientation intérieure. Réservez des moments quotidiens pour faire taire le mental rationnel, pour calmer le bruit extérieur, et pour vous connecter à la sagesse de votre cœur, à travers la méditation, la pleine conscience, la contemplation dans la nature, ou d'autres pratiques d'introspection. Apprenez à distinguer la voix de l'intuition des bruits du mental égoïque, comme la peur, le doute, l'anxiété ou le jugement. L'intuition se manifeste généralement comme une sensation de certitude intérieure, une connaissance silencieuse, une impulsion spontanée, une idée créative, ou une sensation de résonance dans le corps.

Demander Orientation et Être Réceptif aux Signes : Avant de prendre une décision ou d'agir dans une direction donnée, demandez orientation à l'univers, à votre intuition, à votre conscience supérieure. Formulez votre question avec clarté et ouverture, et soyez réceptif aux signes et aux réponses qui surgissent de diverses formes : à travers les rêves, les synchronicités, les conversations, les livres, les messages, les sentiments, ou les intuitions spontanées. Ayez confiance que l'univers vous guidera sur le bon chemin, si vous êtes disposé à écouter et à suivre l'orientation divine.

Agir dans le Moment Présent et avec Spontanéité : L'action inspirée surgit dans le moment présent, de la réponse spontanée au flux de la vie, de la syntonie avec le rythme de l'univers. Évitez de planifier excessivement, de contrôler chaque détail, ou de remettre l'action à plus tard. Lorsque vous ressentez une impulsion claire et positive d'agir dans une direction donnée, avancez avec confiance et spontanéité, sans hésitation, sans procrastination, sans analyser excessivement les conséquences. L'action inspirée est agile, immédiate, et alignée avec le flux du moment présent.

Suivre l'Enthousiasme et la Joie comme Guides : L'enthousiasme et la joie sont des signaux indicateurs que vous êtes sur le chemin de l'action inspirée. Soyez attentif aux activités, aux personnes, aux opportunités qui vous font vous sentir enthousiaste, joyeux et passionné. Suivez votre enthousiasme comme un guide, faites confiance à votre joie comme une boussole, et investissez votre temps et votre énergie dans les domaines de votre vie qui résonnent avec votre passion intérieure. L'action inspirée est ressentie comme gratifiante, énergisante et pleine de vitalité.

Faire Confiance au Flux et Se Détacher du Résultat : En agissant inspiré, faites confiance au flux de l'univers et détachez-vous du résultat spécifique. Donnez le meilleur de vous-même dans chaque action, avec dévouement et excellence, mais libérez le besoin de contrôler le dénouement final. Ayez confiance que l'univers coordonnera les événements et les circonstances de manière à s'aligner avec votre intention la plus élevée, même si le résultat est différent de ce que vous attendiez initialement. L'action inspirée est abandonnée au flux divin, confiante que l'univers fournira le meilleur résultat possible, au moment parfait et de la manière la plus appropriée.

Observer les Signes et les Synchronicités : Après avoir agi inspiré, soyez attentif aux signes et aux synchronicités qui surgissent dans votre vie comme feedback de l'univers. Observez les "coïncidences" significatives, les opportunités inattendues, les messages qui résonnent avec vous, les portes qui s'ouvrent spontanément. Ces signes sont des validations de l'univers que vous êtes sur le bon chemin, que votre action est alignée avec le flux de la création, que la manifestation se déroule de manière harmonieuse et magique. La synchronicité est le langage de l'univers qui communique avec nous, nous guide et nous soutient dans notre voyage de cocréation consciente.

Intégrer l'Action Inspirée dans la Pratique Quotidienne :

Pour commencer à intégrer l'action inspirée dans votre pratique quotidienne de cocréation consciente, essayez les exercices pratiques suivants :

Méditation de l'Action Inspirée : Réservez des moments quotidiens pour la méditation de l'action inspirée. Asseyez-vous en silence, respirez profondément et visualisez-vous en train de recevoir une orientation intuitive sur les actions inspirées que vous pouvez réaliser dans votre vie quotidienne. Demandez-vous : "Quelles sont les actions inspirées que je peux prendre aujourd'hui pour me rapprocher de mes objectifs et de mon but de vie ? Quels pas puis-je faire qui soient légers, fluides et alignés avec ma joie et mon enthousiasme ?". Soyez réceptif aux réponses qui surgissent dans votre mental, dans votre cœur, et dans votre corps, et notez les idées et les impulsions que vous recevez.

Journal de l'Action Inspirée : Tenez un journal de l'action inspirée. À la fin de chaque journée, réfléchissez aux actions que vous avez réalisées au long de la journée et identifiez celles qui ont été véritablement inspirées, qui ont surgi de l'intuition, de l'enthousiasme et de la spontanéité, et qui ont apporté des résultats positifs et des synchronicités dans votre vie. Notez les caractéristiques de l'action inspirée, les émotions que vous avez ressenties en agissant, les résultats que vous avez obtenus, et les signes de validation de l'univers que vous avez observés. Ce journal vous aidera à affiner votre capacité à reconnaître et à suivre l'action inspirée.

Défi de l'Action Inspirée Hebdomadaire : Définissez un défi de l'action inspirée hebdomadaire. Choisissez un domaine de votre vie où vous souhaitez manifester un changement positif, et engagez-vous à réaliser au moins une action inspirée par jour dans ce domaine, pendant une semaine. Il peut s'agir d'actions petites ou grandes, simples ou complexes, l'important est qu'elles soient des actions qui naissent de l'intuition, de l'enthousiasme et de l'alignement avec votre vérité intérieure. Observez les résultats et les synchronicités qui surgissent au long de la semaine et célébrez le pouvoir de l'action inspirée dans votre vie.

Partenaire de Responsabilité de l'Action Inspirée : Trouvez un partenaire de responsabilité qui pratique également la cocréation consciente et qui intègre l'action inspirée dans sa vie. Partagez vos expériences, vos défis, vos réussites et vos apprentissages. Encouragez-vous mutuellement à suivre l'action inspirée, à surmonter la résistance, et à célébrer les progrès. Le soutien et le partage avec un partenaire de responsabilité peuvent renforcer votre motivation et votre persévérance dans le voyage de la cocréation consciente en mouvement.

L'action inspirée est l'essence de la cocréation consciente en mouvement. En intégrant l'action inspirée dans votre pratique quotidienne, vous transformez votre projection mentale en réalité tangible, manifestant vos désirs et vos rêves dans le monde de manière fluide, spontanée et magique. Commencez dès aujourd'hui à cultiver l'écoute intérieure, à suivre votre intuition, à agir inspiré par l'enthousiasme et la joie, et à danser avec le courant de la vie vers la réalité que vous désirez cocréer. Laissez l'action inspirée être le corps en mouvement de votre cocréation consciente, et préparez-vous à vivre une vie pleine de sens, de passion et de manifestation abondante !

Chapitre 19
Co-créer des Relations

Les relations sont des reflets vivants de notre énergie, renvoyant ce que nous projetons consciemment ou inconsciemment. Chaque interaction est une opportunité de créer des liens plus authentiques et harmonieux, transformant les relations en sources de croissance et d'épanouissement mutuel. En prenant conscience de la manière dont nous entrons en relation, nous pouvons intentionnellement cultiver l'amour, le respect et la compréhension, modelant nos expériences interpersonnelles de manière plus légère et significative. Ainsi, nous devenons des co-créateurs actifs de relations qui nourrissent, inspirent et élèvent notre parcours.

Les relations sont le théâtre de notre expérience humaine, la scène où se déroule une grande partie de notre parcours de vie, où nous apprenons, grandissons, aimons, souffrons et évoluons. Les relations peuvent être des sources de joie profonde, de soutien, de connexion et d'épanouissement, mais elles peuvent aussi être des scénarios de conflit, de douleur, de frustration et d'incompréhension. La qualité de nos relations influence profondément notre bien-être, notre bonheur et notre capacité à co-créer une vie pleine et significative.

La bonne nouvelle, c'est que les principes de la co-création consciente s'appliquent également aux relations. Tout comme nous co-créons notre réalité individuelle à travers nos pensées, nos croyances, nos intentions et nos émotions, nous co-créons également la dynamique et la qualité de nos relations à travers nos projections mentales, nos attentes, nos attitudes et nos comportements. En comprenant les mécanismes de la co-création consciente dans les relations, nous pouvons devenir des co-créateurs plus habiles et conscients d'interactions harmonieuses, aimantes et enrichissantes.

La Projection dans les Relations : L'Effet Miroir

Dans les relations, le principe de la projection se manifeste de manière particulièrement évidente à travers "l'effet miroir". Ce que nous projetons dans nos relations, consciemment ou inconsciemment, tend à se refléter vers nous à travers le comportement, les attitudes et les réactions des autres personnes. Si nous projetons de l'amour, de la confiance, du respect et de la compréhension, il est plus probable que nous recevions en retour de l'amour, de la confiance, du respect et de la compréhension. Si, en revanche, nous projetons de la peur, de la méfiance, du jugement et de la critique, il est plus probable que nous recevions en retour de la peur, de la méfiance, du jugement et de la critique.

Cet effet miroir ne signifie pas que nous sommes totalement responsables du comportement des autres, ou que nous pouvons contrôler leurs actions. Chaque individu a son libre arbitre et son propre parcours de vie. Cependant, ce que nous projetons dans les relations crée un champ énergétique, une atmosphère émotionnelle, qui influence la dynamique de l'interaction et attire à nous des expériences correspondantes. C'est comme un cycle de feedback : notre projection influence le comportement de l'autre, qui à son tour renforce notre projection initiale, créant un schéma relationnel qui s'auto-entretient.

Principes pour Co-créer des Relations Harmonieuses :

Pour co-créer des relations plus harmonieuses, aimantes et enrichissantes, nous pouvons appliquer les principes suivants de la co-création consciente :

Clarté de l'Intention Relationnelle : Tout comme nous définissons des intentions claires pour les domaines de notre vie que nous souhaitons manifester, nous pouvons également définir des intentions claires pour nos relations. Demandez-vous : "Quel type de relations est-ce que je souhaite co-créer dans ma vie ? Quelles qualités est-ce que je valorise dans une relation ? Comment est-ce que je souhaite me sentir et être traité(e) dans mes relations ? Quel type d'énergie est-ce que je souhaite irradier dans mes relations ?". Définissez des intentions claires et spécifiques pour vos relations, en vous concentrant sur les qualités d'harmonie, d'amour, de connexion, de compréhension, de respect, de soutien, de croissance mutuelle et de joie partagée.

Projeter l'Amour Inconditionnel et l'Acceptation : La base de relations harmonieuses est l'amour inconditionnel et l'acceptation. Cherchez à projeter de l'amour inconditionnel et de l'acceptation envers les personnes qui font partie de votre vie, en reconnaissant leur perfection inhérente, leurs qualités uniques et leur potentiel illimité, même au-delà de leurs imperfections et limitations humaines. Envoyez des pensées d'amour, de compassion et de bienveillance aux personnes avec qui vous êtes en relation, en les visualisant heureuses, en bonne santé et épanouies. Votre projection d'amour inconditionnel crée un champ énergétique d'acceptation et d'ouverture, qui invite les autres à répondre de la même manière.

Cultiver l'Empathie et la Compréhension : L'harmonie dans les relations s'épanouit avec l'empathie et la compréhension mutuelle. Cherchez à vous mettre à la place de l'autre, à essayer de comprendre sa perspective, ses sentiments, ses besoins et ses motivations, même lorsque vous n'êtes pas d'accord avec son point de vue ou que vous ne comprenez pas ses actions. Pratiquez l'écoute active, en écoutant attentivement et avec présence ce que l'autre a à dire, sans jugement ni interruption. L'empathie et la compréhension créent des ponts de connexion et de compassion, dissolvant les barrières et les conflits.

Communiquer avec Clarté, Honnêteté et Gentillesse : La communication est l'épine dorsale de toute relation saine et harmonieuse. Cherchez à communiquer avec clarté, honnêteté et gentillesse dans toutes vos interactions. Exprimez vos pensées, vos sentiments et vos besoins de manière assertive, mais respectueuse, sans agressivité ni passivité. Évitez les jugements, les critiques et les accusations, et cherchez à vous concentrer sur l'expression de vos sentiments ("Je ressens…") et de vos besoins ("J'ai besoin de…") plutôt que de blâmer ou d'attaquer l'autre. La communication claire, honnête et gentille construit la confiance, la compréhension et l'intimité dans les relations.

Se Concentrer sur les Points Forts et les Qualités Positives : Au lieu de vous concentrer sur les défauts, les failles ou les comportements négatifs des personnes avec qui vous êtes en relation, cherchez à diriger votre attention sur leurs points forts, leurs qualités positives et leur potentiel. Reconnaissez et appréciez les vertus, les talents et les contributions positives des personnes qui font partie de votre vie, et exprimez votre reconnaissance et votre gratitude pour elles. Votre focalisation sur les aspects positifs renforce les qualités positives chez les autres, et crée un cercle vertueux d'appréciation et de valorisation mutuelle.

Pardonner et Libérer les Ressentiments : Dans toutes les relations, il y a inévitablement des moments de désaccord, de conflit et de douleur. La clé pour maintenir l'harmonie à long terme est la capacité de pardonner et de libérer les ressentiments. Le ressentiment et la rancœur empoisonnent les relations, corrodent la connexion et bloquent le flux de l'amour. Pratiquez le pardon conscient, en vous libérant du besoin d'avoir raison, de vous venger ou de punir l'autre. Pardonnez non seulement à l'autre, mais aussi à vous-même, pour vos propres erreurs et imperfections. Le pardon libère le passé, ouvre l'espace pour le présent et construit un avenir relationnel plus léger et harmonieux.

Cultiver la Gratitude dans les Relations : La gratitude est un ingrédient magique pour renforcer et nourrir les relations. Pratiquez la gratitude consciente dans vos relations, en exprimant votre appréciation et votre reconnaissance pour les personnes qui font partie de votre vie, pour leurs qualités, leurs actions, leurs contributions et leur présence dans votre parcours. Dites "merci" avec sincérité, envoyez des messages d'appréciation, écrivez des lettres de gratitude, offrez des petits gestes de reconnaissance. La gratitude dans les relations nourrit l'amour, renforce la connexion et attire davantage de raisons de remercier dans la dynamique relationnelle.

Pratiques pour Co-créer des Relations Harmonieuses :

Pour intégrer les principes de la co-création consciente dans vos relations, essayez les pratiques suivantes :

Méditation de l'Amour Inconditionnel et de la Compassion : Réservez des moments quotidiens pour la méditation de l'amour inconditionnel et de la compassion. Asseyez-vous en silence, respirez profondément et dirigez des pensées d'amour, de bienveillance et de compassion vers les personnes qui font partie de votre vie, en commençant par vous-même, puis par votre famille, vos amis, vos collègues, vos connaissances, les inconnus, et même les personnes avec qui vous avez des conflits ou des difficultés. Visualisez-les heureuses, en bonne santé, épanouies et en paix. Sentez l'émotion de l'amour inconditionnel remplir votre cœur et s'irradier dans le monde, créant un champ énergétique d'harmonie et de bien-être relationnel.

Affirmations pour des Relations Harmonieuses : Utilisez des affirmations pour renforcer la projection de relations harmonieuses. Exemples d'affirmations : "Je co-crée des relations harmonieuses, aimantes et significatives", "Je projette de l'amour inconditionnel et de l'acceptation dans toutes mes relations", "Je communique avec clarté, honnêteté et gentillesse dans toutes mes interactions", "Je cultive l'empathie et la compréhension dans mes relations", "Je pardonne et libère les ressentiments, ouvrant l'espace pour l'amour et l'harmonie", "Je suis reconnaissant(e) pour toutes les relations positives et enrichissantes de ma vie". Répétez ces affirmations quotidiennement, avec conviction et émotion positive, pour programmer votre subconscient avec l'intention de co-créer des relations harmonieuses.

Visualisation d'Interactions Harmonieuses : Utilisez la visualisation créative pour imaginer des interactions harmonieuses avec les personnes qui font partie de votre vie, en particulier celles avec qui vous avez des défis ou des difficultés. Visualisez-vous en train de dialoguer avec clarté, respect et compréhension, de résoudre les conflits de manière pacifique et constructive, de partager des moments de joie, de connexion et d'intimité. Sentez les émotions positives d'harmonie, de paix et de joie remplir votre interaction visualisée. La visualisation d'interactions harmonieuses programme votre subconscient avec des attentes positives et vous prépare à répondre de manière plus harmonieuse dans les interactions réelles.

Pratique de l'Empathie Active : Mettez-vous au défi de pratiquer l'empathie active dans toutes vos interactions quotidiennes. Avant de répondre ou de réagir dans une conversation, faites une pause consciente et cherchez à vous mettre à la place de l'autre. Demandez-vous : "Comment serait-ce d'être dans la perspective de cette personne ? Que pourrait-elle ressentir ? Quels pourraient être ses besoins et ses préoccupations ?". Écoutez avec attention et présence, en cherchant à comprendre au-delà des mots, l'émotion et l'intention sous-jacentes. Répondez avec compassion, gentillesse et compréhension, en cherchant à construire des ponts de connexion et d'empathie.

Acte de Gratitude Relationnel Quotidien : Choisissez un acte de gratitude relationnel conscient à pratiquer chaque jour. Cela peut être d'exprimer verbalement votre gratitude à quelqu'un, d'envoyer un message d'appréciation, d'offrir un geste de tendresse, de faire un compliment sincère, de consacrer du temps de qualité à quelqu'un que vous aimez, etc. De petits actes de gratitude relationnelle nourrissent les relations, renforcent la connexion et irradient une énergie positive dans vos interactions.

Co-créer des relations harmonieuses est un art qui se développe avec la conscience, l'intention et la pratique. En appliquant les principes de la co-création consciente dans vos relations, en projetant de l'amour inconditionnel, de l'acceptation, de la compréhension, une communication claire, en vous concentrant sur les aspects positifs, le pardon et la gratitude, vous pouvez transformer la dynamique de vos interactions et créer des relations plus profondes, significatives et harmonieuses. Commencez dès aujourd'hui à co-créer des relations plus aimantes et enrichissantes, et préparez-vous à vivre la joie, la connexion et l'harmonie qui s'épanouissent lorsque nous projetons le meilleur de nous-mêmes dans nos interactions avec les autres !

Chapitre 20
Concevoir l'Épanouissement et la Contribution

L'épanouissement complet émerge lorsque nous alignons notre mission de vie avec nos actions quotidiennes, transformant nos talents et nos passions en contributions significatives pour le monde. Plus qu'une destination fixe, la mission de vie est un voyage de découverte et d'expression authentique, façonné par une intention claire et une action inspirée. En nous ouvrant à cette co-création consciente, nous permettons aux opportunités, aux connexions et aux expériences de circuler naturellement, manifestant une trajectoire professionnelle et personnelle remplie de sens, d'abondance et d'impact positif. La mission de vie et la carrière ne sont pas seulement des domaines séparés de notre existence, mais plutôt des dimensions interconnectées et interdépendantes qui influencent profondément notre bien-être, notre bonheur et notre sentiment d'accomplissement. Vivre une mission de vie claire et significative, et consacrer notre énergie et nos talents à une carrière alignée sur cette mission, est fondamental pour une vie pleine, vibrante et avec une signification profonde. Lorsque notre carrière devient une expression de notre mission de vie, le travail cesse d'être une simple obligation ou un moyen de subsistance, et se transforme en une source de passion, de joie, de créativité, de contribution et d'épanouissement personnel. La bonne nouvelle est que la mission de vie et la carrière peuvent également être co-créées consciemment. Tout comme nous façonnons d'autres domaines de notre réalité à travers notre projection mentale, nous pouvons aussi influencer activement la découverte de notre mission de vie et la manifestation d'une carrière alignée sur notre essence. En appliquant les principes de la co-création consciente au domaine de la mission et de la carrière, nous pouvons libérer notre potentiel maximum, vivre une vie avec une signification profonde et laisser une marque positive dans le monde.

Dévoiler sa Mission de Vie : Un Voyage de Découverte Intérieure

La mission de vie n'est pas quelque chose que l'on "trouve" comme un objet perdu, ou que l'on "découvre" comme une formule magique prédéfinie. La mission de vie est quelque chose qui se dévoile progressivement, qui se révèle tout au long du voyage, qui se co-crée consciemment en alignement avec notre essence, avec nos valeurs les plus profondes, avec nos talents uniques et avec l'orientation de notre âme. La découverte de la mission de vie est un voyage d'auto-connaissance, d'introspection, d'écoute intérieure et de réponse aux appels de notre âme. La mission de vie n'est pas nécessairement une grande mission grandiose ou une vocation spécifique prédéterminée. La mission de vie peut se manifester de diverses manières : à travers une carrière significative, un travail bénévole passionnant, des projets créatifs qui nous inspirent, des relations profondes qui nourrissent notre âme, un mode de vie qui résonne avec nos valeurs, ou une combinaison unique de toutes ces dimensions. L'important n'est pas de "trouver" une mission spécifique pré-définie, mais plutôt de vivre une vie avec du sens, de la passion, de la joie et de la contribution, en exprimant notre essence unique et notre potentiel maximum dans le monde.

Principes pour Co-créer sa Mission de Vie et une Carrière Alignée :

Pour co-créer une mission de vie claire et significative, et une carrière alignée sur notre essence, nous pouvons appliquer les principes suivants de la co-création consciente :

Intention Claire pour la Mission et la Carrière : Commencez par définir des intentions claires et spécifiques pour votre mission de vie et pour votre carrière. Posez-vous les questions suivantes : "Quelle est la mission plus grande que je souhaite vivre dans cette vie ? Quel type d'impact je souhaite laisser dans le monde ? Quel type de travail m'apporte joie, épanouissement et signification ? Quel type de carrière me permet d'exprimer mes talents et mes passions ? Quel type d'abondance je souhaite attirer à travers ma carrière ?". Définissez des intentions claires et spécifiques, en vous concentrant sur ce qui résonne véritablement avec votre âme, avec vos valeurs et avec vos désirs les plus profonds.

Se Connecter à son Essence et à ses Talents Uniques : Consacrez du temps à l'auto-connexion et à l'introspection pour dévoiler votre essence unique, vos talents naturels, vos passions innées et vos valeurs les plus profondes. Posez-vous les questions suivantes : "Qui suis-je véritablement, au-delà des rôles sociaux et des attentes externes ? Quels sont mes talents et mes compétences naturels ? Qu'est-ce qui me fait me sentir vivant, enthousiaste et passionné ? Quelles sont mes valeurs les plus importantes et qu'est-ce qui compte vraiment pour moi dans la vie ?". Explorez vos passions, vos intérêts, vos expériences passées, vos rêves et vos aspirations les plus profondes. Plus votre auto-connaissance sera profonde, plus votre mission de vie deviendra claire et plus votre carrière sera alignée.

Visualiser la Vie et la Carrière Alignées avec la Mission : Utilisez la visualisation créative pour imaginer votre vie et votre carrière alignées avec votre mission de vie. Visualisez-vous en train de vivre votre mission avec passion, joie et épanouissement, d'utiliser vos talents uniques pour contribuer au monde de manière significative, d'expérimenter l'abondance financière et la reconnaissance professionnelle, de vous sentir épanoui et heureux dans votre travail. Impliquez tous vos sens et vos émotions dans la visualisation, en rendant l'image de votre vie et de votre carrière alignées avec votre mission aussi vivante et réelle que possible.

Affirmations pour la Mission et la Carrière Alignée : Utilisez des affirmations pour programmer votre esprit subconscient avec des croyances valorisantes sur votre mission de vie et votre carrière. Exemples d'affirmations : "Je co-crée une mission de vie claire et significative", "Je vis ma mission de vie avec passion, joie et épanouissement", "Je manifeste une carrière alignée avec mes talents et mes passions", "J'utilise mes talents uniques pour contribuer au monde de manière significative", "J'attire l'abondance financière et la reconnaissance professionnelle à travers ma carrière alignée avec ma mission", "Je suis reconnaissant(e) de vivre une vie pleine de sens, de passion et d'épanouissement professionnel". Répétez ces affirmations quotidiennement, avec conviction et émotion positive, pour renforcer votre projection mentale.

 Action Inspirée en Direction de la Mission et de la Carrière : Soyez attentif aux impulsions de l'action inspirée qui vous guident vers votre mission de vie et votre carrière alignée. Suivez votre intuition, explorez de nouveaux domaines d'intérêt, expérimentez différentes activités, parlez avec des personnes qui vous inspirent, recherchez des opportunités qui résonnent avec votre passion. Avancez avec confiance et enthousiasme vers les chemins qui s'ouvrent devant vous, même si la direction finale n'est pas totalement claire au début. L'action inspirée est la boussole qui vous guide vers votre mission de vie.

 Abandon au Flux Divin et à la Sagesse de l'Univers : Ayez confiance que l'univers conspire en votre faveur pour vous guider dans la découverte de votre mission de vie et dans la manifestation de votre carrière alignée. Abandonnez vos doutes, vos peurs et vos incertitudes à l'univers, en ayant confiance que la sagesse divine révélera le bon chemin au moment parfait et de la manière la plus appropriée. Soyez ouvert aux surprises, aux synchronicités et aux rebondissements inattendus qui peuvent survenir tout au long du voyage. L'abandon au flux divin permet à l'univers de vous guider au-delà de vos plans limités, vers une destinée plus élevée et plus pleine de sens.

Cultiver la Patience et la Persévérance dans le Voyage : La découverte de la mission de vie et la manifestation d'une carrière alignée sont des processus graduels et continus, qui demandent du temps, de la patience, de la persévérance et de l'auto-compassion. Ne vous attendez pas à trouver votre mission "du jour au lendemain", ou à manifester la carrière parfaite instantanément. Permettez-vous d'explorer, d'expérimenter, d'apprendre de vos erreurs, d'ajuster votre trajectoire et de célébrer chaque étape du voyage. Restez persévérant dans votre pratique de co-création consciente, ayez confiance dans le processus, et célébrez les petits progrès tout au long du chemin.

Pratiques pour Co-créer la Mission de Vie et la Carrière Alignée :

Pour intégrer les principes de la co-création consciente dans le domaine de la mission de vie et de la carrière, essayez les pratiques suivantes :

Méditation de la Découverte de la Mission de Vie : Réservez des moments réguliers pour la méditation de la découverte de la mission de vie. Asseyez-vous en silence, respirez profondément et connectez-vous à votre essence la plus profonde. Demandez à votre cœur : "Quelle est ma mission de vie ? Qu'est-ce que je suis venu faire ici ? Comment puis-je contribuer au monde de manière significative ?". Soyez réceptif aux réponses qui émergent dans votre esprit, dans votre cœur et dans votre intuition, et notez les idées, les intuitions et les sentiments que vous recevez.

Exercice de la Passion et des Talents : Réalisez un exercice d'exploration de vos passions et de vos talents. Faites une liste de toutes les activités, les thèmes, les intérêts, les loisirs qui vous font vous sentir enthousiaste, joyeux et passionné. Identifiez vos talents naturels, vos compétences innées, les domaines où vous vous sentez le plus compétent et épanoui. Cherchez à identifier des schémas et des connexions entre vos passions et vos talents, et réfléchissez à la manière dont vous pourriez les combiner pour créer une mission de vie et une carrière alignées sur votre essence.

Journal du Voyage de la Mission : Tenez un journal du voyage de la mission de vie. Notez vos réflexions, vos intuitions, vos inspirations, vos progrès, vos défis et vos apprentissages tout au long du voyage de découverte de la mission et de la co-création de la carrière. Ce journal vous aidera à suivre votre évolution, à clarifier vos pensées, à renforcer votre intention, et à célébrer les étapes de votre voyage.

Conversations Inspirantes et Mentorat : Recherchez des conversations inspirantes avec des personnes qui vivent déjà leur mission de vie et qui ont manifesté des carrières alignées sur leur essence. Demandez des conseils, partagez vos doutes et vos défis, apprenez de leurs expériences et de leurs intuitions. Envisagez de rechercher un mentor qui pourrait vous guider et vous soutenir dans le voyage de la découverte de la mission et de la co-création de la carrière. La sagesse et le soutien des autres peuvent être inestimables pour votre croissance et pour votre clarté de direction.

Acte de Courage et Exploration Hebdomadaire : Mettez-vous au défi de faire un acte de courage et d'exploration par semaine en direction de votre mission de vie et de votre carrière alignée. Il peut s'agir d'essayer une nouvelle activité, de participer à un événement inspirant, de contacter quelqu'un que vous admirez, de démarrer un projet créatif, de faire du bénévolat pour une cause qui vous passionne, de suivre un cours en ligne, de lire un livre inspirant, etc. Les petits actes de courage et d'exploration ouvrent des portes, révèlent de nouvelles possibilités et stimulent votre voyage de la mission.

Co-créer sa mission de vie et sa carrière alignée est l'une des plus grandes aventures de l'existence humaine, un voyage d'auto-découverte, de croissance personnelle et de contribution au monde. En appliquant les principes de la co-création consciente à ce domaine fondamental, en projetant des intentions claires, en vous connectant à votre essence, en visualisant la réalité désirée, en utilisant des affirmations valorisantes, en suivant l'action inspirée, en vous abandonnant au flux divin, et en cultivant la patience et la persévérance, vous pouvez dévoiler votre mission de vie unique, manifester une carrière alignée sur votre essence et vivre une vie pleine de sens, de passion et d'épanouissement. Commencez dès aujourd'hui à co-créer votre mission de vie et votre carrière alignée, et préparez-vous à vous épanouir dans tout votre potentiel, en rayonnant votre lumière unique dans le monde !

Chapitre 21
Vivre une Réalité Projetée

La réalité que nous expérimentons est le reflet direct de nos projections internes, une construction façonnée par nos pensées, nos croyances et nos émotions. Chaque élément de notre existence, des défis aux réussites, est généré par la manière dont nous interagissons énergétiquement avec l'univers. La véritable maîtrise de la co-création consciente va au-delà de la simple manifestation de désirs ponctuels ; il s'agit de vivre en alignement avec un flux continu d'intentions claires et d'actions inspirées. En reconnaissant et en assumant le rôle de projecteurs de notre propre réalité, nous faisons un pas essentiel pour transformer la co-création d'un concept théorique en une pratique quotidienne intégrée à chaque instant de notre vie.

Maintenant, intégrons tous ces outils et principes dans notre vie quotidienne, transformant la co-création consciente d'une pratique sporadique ou conceptuelle en une manière d'être et de vivre, en une maîtrise de la projection consciente qui se manifeste à tout moment et dans tous les domaines de notre expérience. L'objectif final de la co-création consciente n'est pas seulement de manifester des désirs isolés ou d'atteindre des objectifs spécifiques, mais plutôt de vivre une vie projetée avec maîtrise, une vie pleine de sens, de joie, d'abondance, d'amour, de but et d'accomplissement, en alignement avec notre essence la plus profonde et avec le flux de la vie.

La Co-création Consciente comme Style de Vie :

Intégrer la co-création consciente dans la vie quotidienne signifie incorporer ses principes et ses pratiques dans toutes les dimensions de notre expérience, transformant notre façon de penser, de ressentir, d'agir et d'interagir avec le monde. Il ne s'agit pas d'« ajouter » une technique ou une routine supplémentaire à notre agenda, mais plutôt de reconfigurer notre conscience, de reprogrammer nos habitudes mentales et émotionnelles, de redéfinir notre paradigme de réalité, d'embrasser une nouvelle façon d'être qui se manifeste dans tous les domaines de notre vie.

La co-création consciente comme style de vie implique :

Vivre dans la Conscience du Projecteur Intérieur :

Garder toujours présente la conscience de son pouvoir de Projecteur Intérieur, en se rappelant constamment que l'on est le créateur de sa réalité, que ses pensées, croyances, intentions et émotions façonnent activement son expérience. Se réveiller chaque matin avec l'intention consciente de projeter une journée merveilleuse, pleine de joie, d'abondance et de synchronicité, et se rappeler tout au long de la journée de son pouvoir d'influencer sa réalité à chaque instant.

Cultiver la Pleine Conscience et la Présence :

Vivre dans le moment présent avec pleine conscience et présence consciente est fondamental pour la co-création quotidienne. Pratiquer la pleine conscience dans toutes ses activités quotidiennes, en prêtant une attention totale à ses sensations, ses pensées, ses émotions, à l'environnement qui nous entoure, au goût de la nourriture, au contact de l'eau, au son des voix, etc. La présence consciente permet d'observer ses pensées et émotions sans jugement, d'identifier les schémas limitants, de diriger son attention vers le positif, et de répondre de manière plus consciente et intentionnelle aux défis et opportunités qui se présentent au quotidien.

Pratiquer la Gestion Consciente des Pensées et Croyances :

Maintenir une vigilance constante sur ses pensées et croyances, en appliquant les techniques d'identification, de démantèlement et de remplacement des croyances limitantes que nous avons explorées au chapitre 10. Transformer automatiquement les pensées négatives en pensées positives, les croyances limitantes en croyances renforçantes, la peur en amour, le doute en confiance. Faire de la gestion consciente des pensées et croyances une habitude mentale, une pratique continue d'auto-observation et d'auto-transformation.

Incorporer la Visualisation et les Affirmations dans la Routine Quotidienne :

Intégrer la visualisation créative et les affirmations positives dans sa routine quotidienne, en les transformant en pratiques habituelles et automatiques. Visualiser la réalité désirée en se brossant les dents, en prenant sa douche, en marchant, en attendant dans les embouteillages, ou avant de s'endormir. Répéter ses affirmations positives mentalement ou à voix haute en s'habillant, en préparant le café, en faisant de l'exercice, ou chaque fois que l'on a un moment libre. Plus les pratiques de visualisation et d'affirmations deviennent intégrées et automatiques, plus la projection mentale sera puissante et constante.

Vivre dans la Gratitude Continue :

Cultiver la gratitude comme une attitude mentale permanente, une façon de voir le monde et d'expérimenter la vie. Commencer et terminer chaque journée par des expressions de gratitude, en reconnaissant et en appréciant les bénédictions de sa vie, grandes et petites. Chercher des raisons d'être reconnaissant dans toutes les situations, même les plus difficiles ou négatives. Transformer la gratitude en un filtre de perception, en une habitude émotionnelle, en une danse continue de reconnaissance et d'appréciation de l'abondance de la vie.

Irradier des Émotions Positives vers le Monde :

Faire un effort conscient pour cultiver et irradier des émotions positives vers le monde dans toutes ses interactions. Choisir consciemment la joie, l'amour, l'enthousiasme, la compassion, l'espoir, la confiance et la paix comme états émotionnels prédominants dans sa vie quotidienne. Pratiquer la bonté, la générosité et l'empathie dans toutes ses relations, en rayonnant une énergie positive vers les personnes, les lieux et les situations qui nous entourent. Devenir un « foyer de lumière » qui irradie la positivité vers le monde, attirant à soi des expériences et des personnes qui résonnent avec cette même énergie vibrante.

Danser avec le Lâcher-prise et le Flux de la Vie :

Vivre dans la danse du lâcher-prise, en faisant confiance au flux de l'univers, en libérant le contrôle excessif et l'attachement au résultat, en acceptant le moment présent, en écoutant l'intuition, et en suivant la guidance intérieure. Flotter avec le rythme naturel de la vie, avec ses hauts et ses bas, avec ses cycles de création et de destruction, avec ses rebondissements inattendus. Avoir confiance que l'univers conspire en notre faveur, même lorsque le chemin devient sinueux ou incertain. Vivre avec légèreté, flexibilité et adaptabilité, en dansant avec la vie plutôt qu'en luttant contre elle.

Agir Inspiré et Aligné avec le But :

Prendre des décisions et des actions inspirées, guidées par l'intuition, l'enthousiasme, la joie et l'alignement avec son but de vie. Répondre spontanément aux impulsions créatives, aux opportunités qui se présentent, aux synchronicités qui se manifestent. Vivre avec courage, authenticité et passion, en exprimant ses talents uniques et en contribuant au monde de manière significative. Faire de l'action inspirée un mode de vie, une danse continue de création et de manifestation dans le monde.

Co-créer des Relations Harmonieuses dans Tous les Domaines :

Appliquer les principes de la co-création consciente à toutes ses relations, en cultivant la projection d'amour inconditionnel, d'acceptation, d'empathie, de compréhension, de communication claire, de focalisation sur les aspects positifs, de pardon et de gratitude dans toutes ses interactions. Irradier l'harmonie et la connexion vers sa famille, ses amis, ses collègues, ses partenaires, ses connaissances et même vers les inconnus. Faire des relations harmonieuses une priorité dans sa vie, en reconnaissant que la qualité de ses interactions influence profondément son bien-être et son bonheur.

Manifester le But de Vie et la Carrière Alignée comme Expression de l'Essence :

Vivre son but de vie et sa carrière alignée comme une expression naturelle de son essence, de ses talents uniques, de ses passions innées et de ses valeurs les plus profondes. Utiliser son travail comme un véhicule de contribution au monde, comme une façon de laisser sa marque positive, comme une source de joie, d'accomplissement et d'abondance. Intégrer son but de vie et sa carrière alignée dans toutes les dimensions de son existence, en vivant une vie cohérente, authentique et pleine de sens.

Conseils Pratiques pour l'Intégration Continue :

Pour faciliter l'intégration continue de la co-création consciente dans votre vie quotidienne, essayez les conseils pratiques suivants :

Commencer Petit et Être Progressif :

Ne pas essayer de transformer sa vie du jour au lendemain. Commencer par de petits changements, en se concentrant sur l'intégration d'un ou deux principes ou pratiques de co-création consciente dans sa routine quotidienne. Au fur et à mesure que l'on se sent plus à l'aise et confiant, ajouter progressivement de nouveaux éléments et étendre sa pratique à d'autres domaines de sa vie. La cohérence et la progression graduelle sont plus efficaces que des tentatives radicales et éphémères de changement.

Définir des Rappels Visuels et Auditifs :

Créer des rappels visuels et auditifs pour aider à rester conscient de la co-création tout au long de la journée. Utiliser des post-it avec des affirmations positives sur le miroir, le réfrigérateur ou l'ordinateur. Définir des alarmes sur son téléphone portable avec des messages inspirants ou des rappels pour pratiquer la gratitude ou la visualisation. Utiliser des fonds d'écran sur son ordinateur ou son téléphone portable avec des images qui représentent la réalité que l'on souhaite co-créer. Les rappels visuels et auditifs aident à maintenir son attention focalisée sur la co-création consciente tout au long de la journée.

Créer des Rituels Quotidiens et Hebdomadaires :

Incorporer des rituels quotidiens et hebdomadaires dans sa routine pour renforcer la pratique de la co-création consciente. Réserver des moments spécifiques de la journée pour la méditation, la visualisation, les affirmations, l'écriture dans le journal de gratitude ou d'autres pratiques qui résonnent avec soi. Définir des moments de la semaine pour réfléchir à ses progrès, planifier ses intentions, célébrer ses réussites et ajuster son approche. Les rituels quotidiens et hebdomadaires créent une structure, une cohérence et une discipline dans sa pratique de co-création consciente.

Chercher un Partenaire de Responsabilité ou un Groupe de Soutien :

Trouver un partenaire de responsabilité ou rejoindre un groupe de soutien de co-création consciente, pour partager ses expériences, ses défis, ses réussites et ses apprentissages, pour recevoir et offrir de l'encouragement et de la motivation, et pour se maintenir responsable de sa pratique. Le partage avec d'autres qui suivent un chemin similaire peut renforcer sa détermination, élargir sa perspective et enrichir son parcours.

Être Patient, Doux et Persévérant avec Soi-même :

Se rappeler que l'intégration de la co-création consciente dans la vie quotidienne est un processus continu et graduel, et non un objectif à atteindre de manière instantanée ou parfaite. Être patient, doux et compatissant envers soi-même tout au long du voyage. Ne pas se critiquer pour ses « faux pas » ou ses difficultés. Célébrer les petits progrès, apprendre des défis, et persévérer dans sa pratique avec amour, foi et détermination. La maîtrise de la co-création consciente est un voyage de vie, pas une destination finale.

Intégrer la co-création consciente dans la vie quotidienne, c'est embrasser une nouvelle façon d'être et de vivre, une façon plus consciente, plus intentionnelle, plus puissante, plus abondante et plus joyeuse. C'est transformer sa réalité de l'intérieur, en projetant avec maîtrise la vie de ses rêves, et en vivant chaque instant avec présence, gratitude, joie, but et amour. Commencer dès aujourd'hui à intégrer la co-création consciente dans sa vie quotidienne, et se préparer à assister à une transformation extraordinaire de son expérience, à mesure que l'on devient un maître de la projection consciente, et que l'on danse en parfaite harmonie avec l'univers, co-créant une réalité pleine de beauté, d'abondance et d'accomplissement !

Chapitre 22
Co-créer la Santé

La santé est une expression naturelle de l'équilibre entre le corps, l'esprit, les émotions et l'âme, reflétant l'harmonie intérieure que nous projetons dans notre réalité. Plus que la simple absence de maladie, la vraie santé se manifeste par la vitalité, l'énergie et le bien-être dans tous les domaines de la vie. Chaque pensée, croyance et émotion influence directement notre état physique, activant des mécanismes de régénération ou de déséquilibre. En reconnaissant notre pouvoir de co-création, nous pouvons nous aligner sur des schémas qui renforcent notre santé, favorisant un état de plénitude et d'autorégulation naturelle, où la vitalité s'écoule comme le reflet de notre alignement intérieur.

La bonne nouvelle est que la santé radieuse et le bien-être total peuvent être co-créés consciemment. Tout comme nous façonnons d'autres domaines de notre réalité à travers notre projection mentale, nous pouvons également influencer activement notre santé et notre bien-être à travers nos pensées, nos croyances, nos intentions, nos émotions et nos actions alignées sur la vitalité et l'harmonie. En comprenant les principes de la co-création consciente appliqués à la santé et au bien-être, nous pouvons devenir des co-créateurs plus compétents et responsables de notre propre chemin de guérison, de vitalité et de plénitude.

La Santé comme État Naturel de l'Être : Un Retour à l'Harmonie

Il est essentiel de comprendre que la santé radieuse est notre état naturel d'être. Notre corps est une machine parfaite d'auto-guérison et d'autorégulation, intrinsèquement programmée pour la vitalité et l'équilibre. La maladie et le déséquilibre ne sont pas des états "normaux" ou "inévitables", mais plutôt des signes de désalignement avec notre état naturel d'harmonie, souvent causés par des schémas de pensée, des croyances, des émotions et des modes de vie qui ne soutiennent pas notre vitalité.

La co-création consciente de la santé radieuse et du bien-être total est donc un processus de retour à l'harmonie, de réalignement avec notre état naturel de vitalité, d'élimination des blocages et des résistances qui nous éloignent de notre bien-être inné. C'est un processus d'éveil à la sagesse intrinsèque de notre corps, d'honorer son intelligence innée et de collaborer consciemment avec ses mécanismes d'auto-guérison et d'autorégulation.

Principes pour Co-créer une Santé Radieuse et un Bien-Être Total :

Pour co-créer une santé radieuse et un bien-être total dans toutes les dimensions de votre être, nous pouvons appliquer les principes suivants de la co-création consciente :

Intention Claire pour la Santé et le Bien-Être : Commencez par définir des intentions claires et spécifiques pour votre santé et votre bien-être. Demandez-vous : "Qu'est-ce que la santé radieuse et le bien-être total signifient pour moi ? Comment est-ce que je désire me sentir physiquement, mentalement, émotionnellement et spirituellement ? Quel niveau de vitalité et d'énergie est-ce que je désire expérimenter ? Quel type de santé est-ce que je désire manifester dans mon corps ? Quel type de bien-être est-ce que je désire rayonner dans ma vie ?". Définissez des intentions claires et spécifiques, en vous concentrant sur un état vibrant de santé et de bien-être dans toutes les dimensions de votre être.

Projeter des Images de Santé Parfaite et de Vitalité : Utilisez la visualisation créative pour projeter des images vives et détaillées de vous-même profitant d'une santé parfaite et d'une vitalité radieuse. Visualisez votre corps fort, sain, énergisé, souple, résistant et vibrant. Imaginez vos organes fonctionner en parfaite harmonie, vos cellules briller d'énergie vitale, votre système immunitaire robuste et efficace, votre esprit clair, concentré et calme, vos émotions équilibrées et harmonieuses, votre esprit rempli de paix, de joie et de connexion. Impliquez tous vos sens dans la visualisation, en voyant, entendant, sentant, goûtant et ressentant l'expérience de la santé radieuse et du bien-être total.

Affirmations pour la Santé Radieuse et le Bien-Être Total : Utilisez des affirmations positives et puissantes pour programmer votre esprit subconscient avec des croyances de santé, de vitalité et de bien-être. Exemples d'affirmations : "Je co-crée une santé radieuse et un bien-être total dans toutes les dimensions de mon être", "J'ai une santé parfaite et une vitalité vibrante", "Mon corps est fort, sain, énergisé et résilient", "Mes cellules se régénèrent et se revitalisent constamment", "Mon système immunitaire est fort et efficace", "Mon esprit est clair, concentré et calme", "Mes émotions sont équilibrées et harmonieuses", "Mon esprit est rempli de paix, de joie et de connexion", "Je suis reconnaissant(e) pour ma santé parfaite et mon bien-être total". Répétez ces affirmations quotidiennement, avec conviction et émotion positive, pour renforcer votre projection mentale.

Cultiver des Émotions Positives de Santé et de Bien-Être : Cherchez à cultiver et à maintenir des émotions positives associées à la santé et au bien-être, telles que la joie, la gratitude, l'enthousiasme, l'amour, la confiance, la paix intérieure, la vitalité et l'énergie. Sentez ces émotions remplir votre corps et vibrer dans chaque cellule de votre être. Les émotions positives élèvent votre fréquence vibratoire, vous syntonisant avec l'énergie de la santé et du bien-être, et renforçant votre capacité à manifester ces qualités dans votre réalité.

Nourrir le Corps avec une Nutrition Consciente et Vitalisante : La nutrition consciente et vitalisante est un pilier fondamental de la co-création de la santé radieuse. Choisissez des aliments nutritifs, complets, biologiques et vibrants, riches en vitamines, minéraux, antioxydants et énergie vitale. Privilégiez les fruits, les légumes, les légumineuses, les céréales complètes, les graines, les oléagineux et les protéines maigres. Réduisez ou éliminez les aliments transformés, raffinés, sucrés, gras et toxiques, qui drainent votre énergie et nuisent à votre santé. Mangez en pleine conscience, en savourant chaque repas, en remerciant pour la nourriture et en nourrissant votre corps avec amour et respect.

Bouger le Corps avec Joie et Conscience : Le mouvement conscient et agréable est essentiel à la santé radieuse et au bien-être total. Choisissez des activités physiques qui vous apportent joie, plaisir et vitalité, qui résonnent avec votre essence et qui s'adaptent à vos besoins et capacités. Marchez dans la nature, dansez, nagez, pratiquez le yoga, faites du tai-chi, faites du vélo, courez, faites de la musculation ou toute autre activité qui vous fait vous sentir vivant, énergisé et connecté à votre corps. Bougez-vous avec conscience corporelle, en prêtant attention aux sensations, aux limites et aux signaux de votre corps, en honorant votre rythme et vos besoins.

Se Reposer et Régénérer le Corps et l'Esprit : Le repos adéquat et la régénération sont fondamentaux pour la santé radieuse et le bien-être total. Permettez à votre corps et à votre esprit de se reposer et de se régénérer pendant le sommeil, les loisirs, la relaxation et la méditation. Privilégiez un sommeil réparateur, avec 7 à 9 heures de sommeil profond et paisible par nuit. Réservez des moments quotidiens pour la relaxation consciente, pour les loisirs agréables, pour la méditation et pour la contemplation silencieuse, permettant à votre système nerveux de se calmer, à vos cellules de se revitaliser et à votre esprit de se renouveler.

Se Connecter à la Nature et à l'Énergie Vitale : La connexion à la nature et à l'énergie vitale est essentielle à la santé radieuse et au bien-être total. Passez du temps régulièrement en contact avec la nature, dans des environnements naturels et revigorants, tels que les parcs, les jardins, les forêts, les plages, les montagnes, les lacs, les rivières, etc. Absorbez l'énergie vitale du soleil, de l'air pur, de l'eau fraîche, de la terre fertile, des plantes et des animaux. La nature nourrit le corps, apaise l'esprit, élève l'âme et revitalise l'énergie vitale.

Cultiver des Relations Saines et un Soutien Social : Les relations saines et le soutien social sont fondamentaux pour le bien-être émotionnel et mental, qui à leur tour influencent la santé physique. Cultivez des relations positives, nourrissantes, aimantes et de soutien, avec votre famille, vos amis, vos partenaires et les communautés qui vous inspirent, vous valorisent et vous élèvent. Investissez du temps et de l'énergie dans des connexions sociales significatives, partagez des moments de joie, de soutien et d'intimité avec les personnes que vous aimez. Les relations saines et le soutien social sont des piliers du bien-être total.

Vivre avec un But, un Sens et une Contribution : Vivre une vie avec un but, un sens et une contribution est essentiel à la santé spirituelle et au bien-être existentiel, qui influencent également la santé physique, mentale et émotionnelle. Découvrez votre but de vie unique, ce qui vous fait vous sentir vivant, passionné et accompli, ce qui vous motive à vous lever du lit chaque jour avec enthousiasme. Consacrez du temps et de l'énergie à des activités qui résonnent avec votre but, qui expriment vos talents et vos passions, et qui contribuent au bien-être du monde. Vivre avec un but, un sens et une contribution nourrit l'âme, renforce l'esprit et rayonne le bien-être dans tous les domaines de la vie.

Pratiques pour Co-créer une Santé Radieuse et un Bien-Être Total :

Pour intégrer les principes de la co-création consciente dans votre cheminement vers une santé radieuse et un bien-être total, essayez les pratiques suivantes :

Méditation de Guérison et de Vitalité : Réservez des moments quotidiens pour la méditation de guérison et de vitalité. Asseyez-vous en silence, respirez profondément et visualisez une lumière dorée et une énergie vitale remplir votre corps, revitaliser chaque cellule, harmoniser chaque organe, renforcer votre système immunitaire et restaurer votre équilibre et votre bien-être naturels. Répétez des affirmations de santé et de vitalité pendant la méditation, et ressentez l'émotion de la guérison et du bien-être remplir votre être.

Journal de Santé et de Bien-Être : Tenez un journal de santé et de bien-être, où vous notez quotidiennement vos progrès, vos intuitions, vos apprentissages et vos intentions sur le chemin de la co-création de la santé radieuse. Notez vos pratiques de nutrition consciente, de mouvement, de repos, de connexion à la nature, de méditation, d'affirmations, de visualisations et de cultivation d'émotions positives. Célébrez les petites victoires, reconnaissez vos efforts et ajustez votre approche si nécessaire.

Création d'un Plan d'Action pour la Santé et le Bien-Être : Créez un plan d'action concret et réaliste pour intégrer les principes de la co-création consciente dans votre cheminement vers la santé et le bien-être. Définissez des objectifs spécifiques, mesurables, atteignables, pertinents et limités dans le temps (SMART) pour chaque domaine de votre vie (nutrition, mouvement, repos, etc.). Établissez des étapes pratiques et progressives pour mettre en œuvre les changements souhaités, et suivez vos progrès au fil du temps.

Consultation avec des Professionnels de la Santé Conscients : Recherchez les conseils et le soutien de professionnels de la santé conscients et intégrateurs, qui comprennent l'importance de l'esprit, du corps, des émotions et de l'âme dans le cheminement de la guérison et du bien-être. Consultez des médecins, des nutritionnistes, des thérapeutes, des coachs de bien-être, des professeurs de yoga, de méditation ou d'autres pratiques intégratives, qui peuvent compléter votre pratique de co-création consciente et vous guider de manière personnalisée sur votre chemin de santé radieuse.

Communauté de Soutien à la Santé et au Bien-Être : Rejoignez une communauté de soutien à la santé et au bien-être, en ligne ou en personne, pour partager des expériences, recevoir du soutien, échanger des idées, vous inspirer et vous motiver mutuellement sur le chemin de la co-création de la santé radieuse. Le soutien et le partage avec d'autres personnes qui suivent un chemin similaire peuvent renforcer votre détermination et enrichir votre expérience.

Co-créer une santé radieuse et un bien-être total est un processus holistique, continu et profondément transformateur, qui implique l'esprit, le corps, les émotions et l'âme. En appliquant les principes de la co-création consciente à votre cheminement vers la santé, en projetant des intentions claires, en visualisant la vitalité, en utilisant des affirmations puissantes, en cultivant des émotions positives, en nourrissant votre corps, en bougeant avec joie, en vous reposant et en vous régénérant, en vous connectant à la nature, en cultivant des relations saines et en vivant avec un but, vous pouvez éveiller votre potentiel inné d'auto-guérison et d'autorégulation, manifester une santé vibrante et un bien-être total dans toutes les dimensions de votre être, et vivre une vie pleine de vitalité, d'énergie, de joie et d'accomplissement. Commencez dès aujourd'hui à co-créer votre santé radieuse et votre bien-être total, et préparez-vous à vous épanouir dans tout votre potentiel de vitalité et de plénitude !

Chapitre 23
Cocréer l'Abondance

L'abondance est un flux naturel de l'univers, une énergie disponible pour tous ceux qui s'alignent sur sa fréquence. La véritable prospérité va au-delà de la possession de biens matériels, reflétant un état de plénitude dans tous les domaines de la vie – financier, émotionnel, relationnel et spirituel. L'argent, en tant qu'expression de l'énergie de l'abondance, répond aux croyances et aux émotions que nous projetons sur lui. En transformant les schémas limitants et en cultivant une mentalité de richesse, nous pouvons ouvrir les portes à un flux continu d'opportunités, de ressources et d'expériences qui soutiennent une vie prospère et significative.

Beaucoup de personnes luttent contre la pénurie financière, vivant dans l'inquiétude, la limitation et le stress par rapport à l'argent. La croyance en la pénurie est une programmation mentale limitante qui nous empêche de reconnaître et d'attirer l'abondance qui est naturellement nôtre par droit divin. La bonne nouvelle est que l'abondance financière et la prospérité peuvent être cocréées consciemment, tout comme n'importe quel autre domaine de notre réalité. En transformant nos croyances limitantes sur l'argent, en alignant notre énergie sur la fréquence de l'abondance, et en appliquant les outils de la cocréation consciente, nous pouvons ouvrir le flux de la prospérité dans tous les domaines de notre vie.

L'Abondance comme État Naturel de l'Univers : Débloquer le Flux Divin

Il est crucial de comprendre que l'univers est intrinsèquement abondant. La nature est prodigue en ressources, en beauté, en vie, en énergie. La pénurie est une illusion du mental égoïque, une perception déformée de la réalité, alimentée par des croyances limitantes et des schémas de pensée négatifs. L'abondance est l'état naturel de l'univers, et elle est disponible pour nous tous en quantité illimitée.

La cocréation consciente de l'abondance financière et de la prospérité est donc un processus de déblocage du flux divin, de suppression des barrières mentales, émotionnelles et énergétiques qui nous empêchent de recevoir l'abondance qui est naturellement nôtre. C'est un processus de réalignement avec la fréquence de la prospérité, d'ouverture à la réceptivité, et de permission pour que l'abondance coule librement dans notre vie.

Principes pour Cocréer l'Abondance Financière et la Prospérité :

Pour cocréer l'abondance financière et la prospérité dans tous les domaines de votre vie, nous pouvons appliquer les principes suivants de la cocréation consciente :

Intention Claire pour l'Abondance et la Prospérité : Commencez par définir des intentions claires et spécifiques pour votre abondance financière et votre prospérité. Demandez-vous : "Qu'est-ce que l'abondance financière et la prospérité pour moi ? Quel niveau de richesse financière je souhaite manifester dans ma vie ? Quel type d'opportunités et de ressources je souhaite attirer ? Comment je souhaite me sentir par rapport à l'argent et à la prospérité ? Quel type d'abondance je souhaite expérimenter dans tous les domaines de ma vie ?". Définissez des intentions claires et spécifiques, en vous concentrant sur un état vibrant d'abondance et de prospérité dans toutes les dimensions de votre être.

Transformer les Croyances Limitantes sur l'Argent : Identifiez et transformez vos croyances limitantes sur l'argent, les croyances négatives qui vous empêchent d'attirer et de recevoir l'abondance financière. Des croyances telles que "l'argent est sale", "l'argent est la racine de tous les maux", "je ne mérite pas d'être riche", "il faut travailler dur pour gagner de l'argent", "l'abondance est pour les autres, pas pour moi", "il n'y a pas d'argent pour tout le monde", sont des blocages mentaux qui sabotent votre prospérité. Utilisez les techniques de libération des croyances limitantes que nous avons explorées au Chapitre 10 pour démanteler ces croyances négatives et les remplacer par des croyances valorisantes sur l'argent, telles que "l'argent est énergie", "l'argent est un outil pour le bien", "je mérite d'être riche et prospère", "l'argent coule facilement et abondamment dans ma vie", "l'abondance est mon état naturel", "il y a une abondance illimitée pour tous".

Visualiser l'Abondance Financière et la Prospérité : Utilisez la visualisation créative pour projeter des images vives et détaillées de vous-même profitant de l'abondance financière et de la prospérité dans tous les domaines de votre vie. Visualisez-vous vivant avec confort, sécurité et liberté financière, ayant des ressources pour réaliser vos rêves et vos désirs, contribuant à des causes qui vous inspirent, profitant d'expériences enrichissantes, partageant votre abondance avec les autres. Imaginez votre compte bancaire rempli, votre portefeuille prospère, vos opportunités coulant facilement, vos investissements prospérant, votre entreprise florissante. Engagez tous vos sens dans la visualisation, en voyant, entendant, sentant, goûtant et savourant l'expérience de l'abondance financière et de la prospérité.

Affirmations pour l'Abondance Financière et la Prospérité : Utilisez des affirmations positives et valorisantes pour programmer votre mental subconscient avec des croyances d'abondance et de prospérité financière. Exemples d'affirmations : "Je cocrée l'abondance financière et la prospérité dans tous les domaines de ma vie", "Je suis un aimant pour l'abondance et la prospérité financière", "L'argent coule facilement et abondamment dans ma vie", "Je mérite d'être riche et prospère", "Je suis ouvert et réceptif à recevoir l'abondance de toutes les sources", "J'utilise l'argent de manière sage et généreuse pour le plus grand bien", "Je suis reconnaissant(e) pour l'abondance financière et la prospérité qui coulent constamment dans ma vie". Répétez ces affirmations quotidiennement, avec conviction et émotion positive, pour renforcer votre projection mentale.

Cultiver des Émotions Positives d'Abondance et de Prospérité : Cherchez à cultiver et à maintenir des émotions positives associées à l'abondance et à la prospérité, telles que la joie, la gratitude, l'enthousiasme, la confiance, l'optimisme, la sécurité, le contentement et l'appréciation de la richesse. Sentez ces émotions remplir votre corps et vibrer dans chaque cellule de votre être. Les émotions positives élèvent votre fréquence vibratoire, vous syntonisant avec l'énergie de l'abondance et de la prospérité, et renforçant votre capacité à attirer ces qualités dans votre réalité.

Pratiquer la Gratitude pour l'Abondance Présente et Future : La gratitude est un puissant aimant pour l'abondance. Pratiquez la gratitude consciente pour l'abondance qui existe déjà dans votre vie, aussi petite qu'elle puisse paraître. Remerciez pour l'air que vous respirez, l'eau que vous buvez, les aliments que vous mangez, le foyer qui vous abrite, les vêtements qui vous couvrent, les personnes qui vous aiment, les opportunités qui se présentent, les bénédictions qui vous entourent. Exprimez également une gratitude anticipée pour l'abondance future que vous êtes en train de cocréer, comme si elle était déjà une réalité présente. Sentez la gratitude remplir votre cœur et rayonner vers l'univers, ouvrant le flux de l'abondance dans votre vie.

Donner et Recevoir avec Équilibre et Générosité : L'abondance coule dans un cycle continu de donner et de recevoir. Pour attirer plus d'abondance financière et de prospérité, il est important de donner généreusement et de recevoir avec gratitude, en maintenant l'équilibre entre ces deux polarités. Donnez avec joie et générosité, sans attachement au résultat, sans attendre de récompense, avec l'intention de contribuer au plus grand bien. Recevez avec gratitude et ouverture, en reconnaissant votre valeur et votre mérite de recevoir l'abondance, sans culpabilité ni résistance. L'équilibre entre donner et recevoir maintient le flux de l'abondance en mouvement constant dans votre vie.

Vivre avec une Mentalité d'Abondance et d'Opportunité : Transformez votre mentalité de pénurie en mentalité d'abondance. Au lieu de vous concentrer sur le manque, la limitation et la compétition, concentrez-vous sur l'abondance, les opportunités et la coopération. Croyez qu'il y a une abondance illimitée pour tous, que l'univers est prospère et généreux, qu'il y a toujours plus que suffisant pour satisfaire les besoins et les désirs de tous. Voyez le monde comme un lieu rempli d'opportunités illimitées pour créer, pour prospérer, pour contribuer, pour réaliser vos rêves. La mentalité d'abondance ouvre vos yeux sur les opportunités et attire la prospérité dans votre vie.

Agir Inspiré et Aligné avec la Prospérité : Soyez attentif aux impulsions de l'action inspirée qui vous guident vers la prospérité financière et l'abondance. Suivez votre intuition, explorez de nouvelles opportunités d'affaires, investissez dans vos talents et passions, cherchez des moyens créatifs de générer de la valeur et de contribuer au monde, connectez-vous avec des personnes prospères et inspirantes, investissez dans votre développement personnel et professionnel.

Avancez avec confiance et enthousiasme vers les chemins qui s'ouvrent devant vous, en faisant confiance à votre capacité de créer l'abondance et la prospérité dans tous les domaines de votre vie.

Administrer l'Argent avec Conscience et Sagesse : L'abondance financière ne consiste pas seulement à attirer plus d'argent, mais aussi à administrer l'argent avec conscience et sagesse. Développez des habitudes financières saines, comme épargner, investir, planifier, budgétiser et gérer votre argent de manière responsable et intelligente. Apprenez à utiliser l'argent comme un outil pour le bien, pour réaliser vos rêves, pour soutenir vos passions, pour contribuer à des causes qui vous inspirent, et pour créer plus d'abondance pour vous et pour les autres. L'administration consciente et sage de l'argent renforce votre prospérité financière à long terme.

Pratiques pour Cocréer l'Abondance Financière et la Prospérité :

Pour intégrer les principes de la cocréation consciente dans votre parcours d'abondance financière et de prospérité, expérimentez les pratiques suivantes :

Méditation de l'Abondance et de la Prospérité : Réservez des moments quotidiens pour la méditation de l'abondance et de la prospérité. Asseyez-vous en silence, respirez profondément et visualisez-vous plongeant dans un océan d'abondance financière et de prospérité. Sentez l'énergie de la richesse, de l'opulence, de la liberté financière et de la sécurité envelopper votre être. Répétez des affirmations d'abondance et de prospérité pendant la méditation, et sentez l'émotion de la richesse et de la prospérité remplir votre cœur.

Journal de l'Abondance et de la Prospérité : Tenez un journal de l'abondance et de la prospérité, où vous enregistrez quotidiennement vos expériences, vos intuitions, vos apprentissages et vos intentions sur le chemin de la cocréation de l'abondance financière. Notez les opportunités qui se présentent, les synchronicités que vous observez, vos progrès financiers, vos pratiques de gratitude pour l'abondance présente et future, et vos actions inspirées vers la prospérité. Célébrez les petites victoires, reconnaissez vos efforts, et ajustez votre approche si nécessaire.

Création d'un Tableau de Vision de la Prospérité : Créez un tableau de vision de la prospérité, un panneau visuel qui représente votre vision de l'abondance financière et de la prospérité dans tous les domaines de votre vie. Collez des images, des phrases, des mots, des symboles, des couleurs et des objets qui représentent la richesse, l'opulence, la liberté financière, les opportunités, les ressources et la prospérité que vous souhaitez manifester. Placez votre tableau de vision dans un endroit visible et inspirez-vous-en quotidiennement, en vous visualisant vivre la réalité prospère que vous êtes en train de cocréer.

Consultation avec des Coachs Financiers Conscients et des Mentors de Prospérité : Recherchez l'orientation et le soutien de coachs financiers conscients et de mentors de prospérité, qui comprennent les principes de la cocréation consciente et qui peuvent vous guider de manière personnalisée dans votre parcours d'abondance financière. Consultez des professionnels qui peuvent vous aider à transformer vos croyances limitantes sur l'argent, à développer des habitudes financières saines, à identifier des opportunités d'affaires, à investir de manière intelligente, et à aligner votre énergie sur la fréquence de la prospérité.

Groupe de Mastermind de la Prospérité : Rejoignez un groupe de mastermind de la prospérité, un cercle de personnes ayant une mentalité d'abondance et des objectifs financiers similaires, pour partager des idées, des stratégies, des ressources, du soutien et du réseautage. L'énergie collective et la sagesse partagée d'un groupe de mastermind peuvent amplifier votre capacité à cocréer l'abondance financière et la prospérité, en accélérant vos progrès et en élargissant vos possibilités.

Cocréer l'abondance financière et la prospérité est un processus transformateur et valorisant, qui vous libère de la pénurie, de la limitation et de l'inquiétude, et vous ouvre à un monde d'opportunités illimitées, de ressources abondantes et de réalisation financière et matérielle. En appliquant les principes de la cocréation consciente à votre parcours de prospérité, en transformant vos croyances limitantes, en visualisant l'abondance, en utilisant des affirmations valorisantes, en cultivant des émotions positives, en pratiquant la gratitude, en donnant et en recevant avec équilibre, en vivant avec une mentalité d'abondance, en agissant de manière inspirée, et en administrant l'argent avec sagesse, vous pouvez débloquer le flux divin de la prospérité dans tous les domaines de votre vie, manifester l'abondance financière que vous désirez et méritez, et vivre une vie pleine de richesse, de liberté, de joie et de contribution. Commencez dès aujourd'hui à cocréer votre abondance financière et votre prospérité, et préparez-vous à témoigner de la magie de la manifestation de la richesse et des opportunités illimitées dans votre réalité !

Chapitre 24
Apprendre à Concevoir la Paix

La paix est un état intérieur qui se reflète dans le monde qui nous entoure, se manifestant dans nos relations, nos choix et l'environnement dans lequel nous vivons. Concevoir la paix signifie cultiver intentionnellement l'harmonie dans l'esprit, l'équilibre dans les émotions et la sérénité dans le cœur, permettant à cette énergie de s'étendre à chaque aspect de la vie. Lorsque nous nous alignons sur cette fréquence, notre foyer devient un havre de tranquillité, nos relations s'écoulent avec plus de compréhension et notre chemin se déroule avec légèreté. La vraie paix n'est pas l'absence de défis, mais la présence d'une conscience qui choisit de répondre avec clarté, amour et confiance.

Un foyer harmonieux et un espace sacré ne se définissent pas par la taille, le luxe ou la décoration, mais plutôt par l'énergie qui vibre dans l'environnement. C'est un lieu qui nous accueille avec paix, beauté, sérénité, confort et sécurité, un espace qui nourrit notre âme, qui inspire notre esprit et qui nous invite à nous détendre, à nous régénérer et à nous reconnecter avec notre essence. La bonne nouvelle est que l'harmonie du foyer et la création d'un espace sacré peuvent être cocréées consciemment, comme n'importe quel autre domaine de notre réalité. En appliquant les principes de la cocréation consciente à notre foyer, nous pouvons le transformer en une véritable oasis de paix et de bien-être, un refuge qui nous soutient et nous élève à tout moment.

Le Foyer comme Extension de Notre Conscience : Refléter Notre Harmonie Intérieure

Il est important de comprendre que notre foyer est une extension de notre conscience, un reflet de notre état intérieur, un miroir de notre énergie et de nos projections mentales et émotionnelles. Si notre intérieur est en désordre, en conflit, en stress ou en négativité, il est probable que notre foyer reflète cette même énergie à travers la désorganisation, la confusion, le manque d'harmonie et un environnement peu accueillant. Si, en revanche, nous cultivons la paix intérieure, l'harmonie, la sérénité et la positivité, il est plus probable que notre foyer devienne un espace qui irradie ces mêmes qualités, créant un environnement qui nous nourrit et nous élève.

La cocréation consciente d'un foyer harmonieux et d'un espace sacré est donc un processus d'alignement intérieur et extérieur, d'harmonisation de notre conscience avec notre environnement physique, de projection intentionnelle d'énergies de paix, de beauté et de sécurité pour notre refuge personnel. C'est un processus qui vise à faire de notre foyer un reflet de notre meilleure version, un sanctuaire qui soutient notre croissance personnelle, notre bonheur et notre bien-être intégral.

Principes pour Cocréer un Foyer Harmonieux et un Espace Sacré :

Pour cocréer un foyer harmonieux et un espace sacré qui nourrit votre âme, nous pouvons appliquer les principes suivants de la cocréation consciente :

Intention Claire pour l'Harmonie et l'Espace Sacré : Commencez par définir des intentions claires et spécifiques pour l'harmonie de votre foyer et la création d'un espace sacré. Demandez-vous : "Qu'est-ce qu'un foyer harmonieux et un espace sacré pour moi ? Comment est-ce que je souhaite me sentir dans mon foyer ? Quel type d'énergie est-ce que je souhaite qu'il vibre dans mon espace personnel ? Quelles qualités est-ce que je souhaite que mon foyer reflète ? Quel type de refuge est-ce que je souhaite cocréer pour moi et pour les miens ?". Définissez des intentions claires et spécifiques, en vous concentrant sur un foyer qui soit un véritable sanctuaire de paix, de beauté et de sécurité pour vous et pour tous ceux qui y habitent.

Projeter des Images de Paix, de Beauté et de Sécurité dans le Foyer : Utilisez la visualisation créative pour projeter des images vives et détaillées de votre foyer transformé en un espace harmonieux et sacré. Visualisez chaque pièce de votre maison irradiant la paix, la sérénité, le calme, la beauté, la lumière, l'ordre, la propreté, le confort et la sécurité. Imaginez les couleurs, la lumière naturelle, les objets, les plantes, les sons, les arômes, l'atmosphère générale de votre foyer vibrant en parfaite harmonie et équilibre. Impliquez tous vos sens dans la visualisation, en voyant, entendant, sentant, humant et savourant l'expérience d'être dans votre foyer harmonieux et espace sacré.

Affirmations pour l'Harmonie et l'Espace Sacré dans le Foyer : Utilisez des affirmations positives et puissantes pour programmer votre esprit subconscient avec des croyances d'harmonie et de sacralité pour votre foyer. Exemples d'affirmations : "Je cocrée un foyer harmonieux et un espace sacré qui nourrit mon âme", "Mon foyer est un refuge de paix, de beauté et de sécurité", "L'énergie de mon foyer est légère, fluide et harmonieuse", "Chaque pièce de ma maison irradie le calme, la sérénité et le confort", "Mon foyer est un espace sacré où je me sens aimé(e), en sécurité et protégé(e)", "Je suis reconnaissant(e) pour mon foyer harmonieux et mon espace sacré". Répétez ces affirmations quotidiennement, avec conviction et émotion positive, pour renforcer votre projection mentale.

Cultiver des Émotions Positives de Paix, d'Harmonie et de Sécurité dans le Foyer : Cherchez à cultiver et à maintenir des émotions positives associées à la paix, l'harmonie et la sécurité dans votre foyer, comme la joie, la gratitude, l'amour, la sérénité, le calme, le contentement, le confort, la relaxation et le bien-être. Sentez ces émotions remplir votre corps et vibrer dans chaque cellule de votre être lorsque vous pensez à votre foyer, lorsque vous visualisez votre espace transformé, lorsque vous pratiquez vos affirmations. Les émotions positives élèvent votre fréquence vibratoire, syntonisant votre foyer avec l'énergie de l'harmonie et de la sacralité, et renforçant votre capacité à manifester ces qualités dans votre environnement physique.

Détoxifier et Nettoyer Énergétiquement le Foyer : Le nettoyage énergétique du foyer est fondamental pour créer un espace sacré. Détoxifiez votre foyer des énergies négatives, inutiles ou stagnantes, grâce à des pratiques de nettoyage énergétique comme : ouvrir les fenêtres et ventiler la maison, permettant à l'air frais et à la lumière solaire d'entrer et de renouveler l'énergie de l'environnement ; brûler de l'encens naturel ou des herbes sacrées comme la sauge blanche, le palo santo ou la lavande, pour purifier et élever la vibration de l'espace ; utiliser des sons harmonieux comme de la musique relaxante, des mantras ou des bols tibétains, pour équilibrer l'énergie du foyer ; nettoyer et organiser physiquement la maison, en enlevant les objets inutiles, en réparant les objets endommagés, et en créant de l'ordre et de la fluidité dans l'environnement. Réalisez le nettoyage énergétique de votre foyer régulièrement, surtout lorsque vous sentez l'environnement lourd, tendu ou disharmonieux.

Organiser et Harmoniser l'Espace Physique du Foyer : L'organisation et l'harmonisation de l'espace physique sont essentielles pour créer un foyer harmonieux et un espace sacré. Organisez chaque pièce de votre maison, de manière à créer de l'ordre, de la fluidité et de la fonctionnalité dans l'environnement. Enlevez le désordre, l'excès d'objets et la confusion visuelle, créant de l'espace pour que l'énergie circule librement. Harmonisez la décoration, en utilisant des couleurs douces et relaxantes, un éclairage naturel, des matériaux naturels, des plantes, des objets d'art inspirants et des éléments décoratifs qui résonnent avec votre essence et avec votre vision du foyer harmonieux. Créez un environnement visuellement agréable, esthétiquement équilibré et fonctionnellement efficace, qui invite à la relaxation, au bien-être et à l'inspiration.

Créer des Coins Sacrés et des Espaces d'Introspection : À l'intérieur de votre foyer, créez des coins sacrés et des espaces dédiés à l'introspection, à la méditation, à la prière, à la relaxation et à la reconnexion spirituelle. Cela peut être un petit autel avec des objets significatifs, un coin tranquille avec des coussins et des bougies, un espace de lecture avec des livres inspirants, un jardin intérieur avec des plantes et des fleurs, un studio de yoga ou de méditation, ou tout autre espace qui résonne avec votre besoin de silence, d'introspection et de reconnexion avec votre essence. Utilisez ces coins sacrés régulièrement pour nourrir votre âme, calmer votre esprit, élever votre esprit et renforcer votre connexion avec votre sagesse intérieure.

Infuser le Foyer avec des Éléments de la Nature et de l'Énergie Vitale : Amenez des éléments de la nature à l'intérieur de votre foyer, pour infuser l'environnement d'énergie vitale, de fraîcheur, de beauté et d'harmonie naturelle. Les plantes, les fleurs, les cristaux, les pierres, le bois, l'eau, la lumière solaire, l'air frais, les sons de la nature (comme le son de l'eau courante, du vent ou des oiseaux) sont des éléments naturels qui élèvent la vibration du foyer, qui purifient l'air, qui revitalisent l'énergie de l'environnement, et qui nous connectent avec la beauté et l'abondance de la nature. Utilisez ces éléments naturels dans la décoration et l'organisation de votre foyer, créant un environnement qui respire la vie, la fraîcheur et l'harmonie naturelle.

Créer une Atmosphère Accueillante et Invitante pour Vous et pour les Autres : Le foyer harmonieux et l'espace sacré doivent être accueillants et invitants, tant pour vous que pour les personnes que vous aimez et recevez dans votre espace. Créez une atmosphère qui irradie la chaleur humaine, le confort, la gentillesse, l'hospitalité, l'amour et la joie. Utilisez des couleurs chaudes et invitantes, une lumière douce et accueillante, des textures douces et confortables, des arômes agréables et réconfortants, et des objets qui évoquent des souvenirs heureux et des sentiments positifs. Créez un environnement où chacun se sent bienvenu, aimé, en sécurité et en paix.

Maintenir l'Intention Consciente d'Harmonie et de Sacralité dans le Foyer : Il est fondamental de maintenir l'intention consciente d'harmonie et de sacralité dans votre foyer de manière continue. Rappelez-vous quotidiennement de votre intention de cocréer un foyer harmonieux et un espace sacré, en renforçant vos visualisations, affirmations et pratiques de nettoyage énergétique et d'organisation de l'espace. Cultivez la pleine conscience dans votre foyer, en prêtant attention à l'énergie de l'environnement, à vos sentiments lorsque vous êtes à la maison, et aux petits détails qui peuvent contribuer à l'harmonie et au bien-être de votre espace personnel. Le maintien continu de l'intention consciente est la clé pour soutenir l'harmonie et la sacralité de votre foyer à long terme.

Pratiques pour Cocréer un Foyer Harmonieux et un Espace Sacré :

Pour intégrer les principes de la cocréation consciente dans votre démarche de création d'un foyer harmonieux et d'un espace sacré, expérimentez les pratiques suivantes :

Méditation de l'Harmonisation du Foyer : Réservez des moments réguliers pour la méditation de l'harmonisation du foyer. Asseyez-vous en silence, respirez profondément et visualisez une lumière blanche et dorée remplissant tout votre foyer, purifiant chaque pièce, harmonisant chaque objet, élevant la vibration de l'environnement, et créant un champ énergétique de paix, de beauté et de sécurité dans tout votre espace personnel. Répétez des affirmations d'harmonie et de sacralité du foyer pendant la méditation, et sentez l'émotion de la paix et du bien-être remplir votre cœur et votre foyer.

Marche Consciente d'Harmonisation du Foyer : Réalisez une marche consciente d'harmonisation du foyer. Parcourez chaque pièce de votre maison avec une attention pleine, en observant l'énergie de l'espace, en identifiant les zones qui ont besoin de nettoyage, d'organisation ou d'harmonisation, et en envoyant des intentions de paix, de beauté et de sécurité à chaque coin de votre foyer. Touchez les objets avec tendresse et gratitude, réorganisez les espaces avec une intention consciente, et visualisez l'énergie de votre foyer devenir de plus en plus légère, fluide et harmonieuse.

Rituel Hebdomadaire de Nettoyage et d'Harmonisation du Foyer : Créez un rituel hebdomadaire de nettoyage et d'harmonisation du foyer. Réservez un moment de la semaine pour réaliser un nettoyage physique et énergétique profond de votre espace personnel, en appliquant les pratiques de ventilation, d'encens, de sons, d'organisation, de décoration, et de création de coins sacrés qui résonnent avec vous. Transformez le nettoyage et l'organisation du foyer en un acte conscient et intentionnel de création d'un espace sacré, infusant chaque action d'amour, de gratitude et de l'intention d'harmoniser votre environnement.

Tableau de Vision du Foyer Harmonieux et de l'Espace Sacré : Créez un tableau de vision du foyer harmonieux et de l'espace sacré, un panneau visuel qui représente votre vision du foyer idéal, du refuge parfait, du sanctuaire personnel que vous souhaitez cocréer. Collez des images, des phrases, des mots, des symboles, des couleurs et des objets qui représentent la paix, la beauté, la sécurité, le confort, l'harmonie, la lumière, la nature et la sacralité que vous souhaitez manifester dans votre foyer. Placez votre tableau de vision dans un endroit visible et inspirez-vous-en quotidiennement, en vous visualisant vivre dans le foyer harmonieux et l'espace sacré que vous êtes en train de cocréer.

Partage de l'Intention de Cocréer le Foyer Harmonieux avec les Co-habitants : Si vous partagez votre foyer avec d'autres personnes, partagez votre intention de cocréer un foyer harmonieux et un espace sacré avec vos co-habitants. Discutez de votre vision du foyer idéal, écoutez leurs perspectives, et cherchez à trouver un terrain d'entente et un accord mutuel sur la création d'un environnement harmonieux et accueillant pour tous. Invitez vos co-habitants à participer aux pratiques de nettoyage énergétique, d'organisation et de décoration du foyer, transformant la cocréation de l'espace sacré en un projet collaboratif et enrichissant pour tous.

Cocréer un foyer harmonieux et un espace sacré est un acte d'amour-propre, de soin de soi et de création consciente d'un refuge personnel qui soutient votre chemin de vie. En appliquant les principes de la cocréation consciente à votre foyer, en projetant des intentions claires, en visualisant l'harmonie, en utilisant des affirmations puissantes, en cultivant des émotions positives, en nettoyant et en organisant l'espace, en amenant la nature à l'intérieur de la maison, et en maintenant l'intention consciente de sacralité, vous pouvez transformer votre maison en un véritable sanctuaire de paix, de beauté et de sécurité, un espace qui nourrit votre âme, élève votre esprit et irradie le bien-être dans tous les domaines de votre vie. Commencez dès aujourd'hui à cocréer votre foyer harmonieux et votre espace sacré, et préparez-vous à vivre la joie, le confort et la sérénité d'avoir un refuge personnel qui vous soutient et vous élève à tout moment !

Chapitre 25
Cocréer des Voyages

Voyager, c'est élargir ses horizons, transformer ses perceptions et s'autoriser à vivre des expériences qui nourrissent l'âme. Chaque voyage est plus qu'un simple changement de lieu ; c'est une opportunité de connexion avec de nouvelles cultures, de nouveaux paysages et, surtout, avec soi-même. Lorsque nous alignons nos intentions sur l'énergie de la découverte, les voyages deviennent riches en synchronicités, en rencontres significatives et en moments inoubliables. Cocréer un voyage ne consiste pas seulement à planifier des itinéraires, mais à s'ouvrir à la magie de l'inconnu, en permettant à chaque destination de révéler de nouvelles possibilités de croissance, d'inspiration et d'enchantement.

Souvent, nous planifions nos voyages en fonction de la logistique, du budget ou des attentes extérieures, oubliant que les voyages peuvent être bien plus que de simples déplacements touristiques. La bonne nouvelle, c'est que les voyages magiques et les expériences mémorables peuvent être cocréés consciemment, comme tout autre domaine de notre réalité. En appliquant les principes de la cocréation consciente à nos voyages, nous pouvons les transformer en aventures transformatrices, en voyages remplis de synchronicités, de moments magiques, de rencontres inspirantes et d'expériences qui nourrissent notre âme et élargissent notre conscience.

Voyager comme un Voyage de l'Âme : Élargir sa Conscience à Travers l'Aventure

Il est important de comprendre que voyager est, par essence, un voyage de l'âme, une quête d'expansion, de croissance, de connaissance, de beauté, de connexion, d'aventure et de sens. Les voyages ont le pouvoir de nous libérer de la routine, de nous mettre au défi de sortir de notre zone de confort, de nous ouvrir à de nouvelles perspectives, de nous connecter à la diversité du monde et de nous reconnecter à notre propre essence à travers l'exploration de l'inconnu.

La cocréation consciente de voyages magiques et d'expériences mémorables est donc un processus d'intention consciente, d'ouverture à la magie de la synchronicité, de confiance dans le flux de la vie, et de permission pour que le voyage devienne un voyage transformateur qui résonne avec notre âme et qui nous laisse des souvenirs précieux pour la vie.

Principes pour Cocréer des Voyages Magiques et des Expériences Mémorables :

Pour cocréer des voyages magiques et des expériences mémorables qui nourrissent votre âme, nous pouvons appliquer les principes suivants de la cocréation consciente :

Intention Claire pour le Voyage Magique et Mémorable : Commencez par définir des intentions claires et spécifiques pour votre voyage magique et mémorable. Demandez-vous : "Quel type de voyage est-ce que je souhaite cocréer ? Quel type d'expériences est-ce que je souhaite vivre ? Quel type de lieux est-ce que je souhaite explorer ? Quel type de personnes est-ce que je souhaite rencontrer ? Quel type de transformation est-ce que je souhaite atteindre à travers ce voyage ? Quel type de souvenirs est-ce que je souhaite créer ?". Définissez des intentions claires et spécifiques, en vous concentrant sur les qualités de magie, d'aventure, de beauté, de découverte, de transformation, de connexion, de joie et de souvenirs inoubliables que vous souhaitez expérimenter lors de votre voyage.

Visualiser le Voyage Magique et les Expériences Mémorables : Utilisez la visualisation créative pour projeter des images vives et détaillées de votre voyage magique et de vos expériences mémorables. Visualisez-vous en train de profiter de moments magiques, de paysages époustouflants, de rencontres inspirantes, d'aventures palpitantes, d'expériences culturelles enrichissantes, de moments de détente et de ressourcement, de synchronicités surprenantes et de souvenirs inoubliables. Imaginez-vous ressentir de la joie, de l'enthousiasme, de l'admiration, de la gratitude, de la paix intérieure et une connexion profonde avec le monde et avec vous-même pendant votre voyage. Impliquez tous vos sens dans la visualisation, en voyant, entendant, sentant, humant et goûtant l'expérience de votre voyage magique et mémorable.

Affirmations pour des Voyages Magiques et des Expériences Mémorables : Utilisez des affirmations positives et valorisantes pour programmer votre subconscient avec des croyances de magie, d'aventure et d'expériences mémorables lors de vos voyages. Exemples d'affirmations : "Je cocrée des voyages magiques et des expériences mémorables qui nourrissent mon âme", "Mes voyages sont remplis de joie, d'aventure et de beauté", "J'attire des synchronicités et des moments magiques dans tous mes voyages", "Je me connecte à des personnes inspirantes et à des cultures enrichissantes lors de mes voyages", "Je crée des souvenirs inoubliables et transformateurs dans tous mes voyages", "Je suis reconnaissant(e) pour les voyages magiques et les expériences mémorables qui enrichissent ma vie". Répétez ces affirmations quotidiennement, avec conviction et émotion positive, pour renforcer votre projection mentale.

Cultiver des Émotions Positives d'Aventure, d'Enthousiasme et de Gratitude pour le Voyage : Cherchez à cultiver et à maintenir des émotions positives associées à l'aventure, à l'enthousiasme et à la gratitude pour votre voyage, même avant qu'il ne commence. Ressentez l'excitation de l'exploration, la joie de la découverte, l'admiration pour la beauté du monde, la gratitude pour les opportunités de voyage, la confiance dans la sécurité et la protection pendant le voyage, et l'anticipation des souvenirs inoubliables que vous allez créer. Sentez ces émotions remplir votre corps et vibrer dans chaque cellule de votre être pendant que vous pensez à votre voyage, que vous visualisez vos expériences, que vous pratiquez vos affirmations. Les émotions positives élèvent votre fréquence vibratoire, harmonisant votre voyage avec l'énergie de la magie et de l'aventure, et renforçant votre capacité à manifester ces qualités dans votre réalité.

S'ouvrir à la Synchronicité et à la Magie du Voyage : La synchronicité et la magie sont des ingrédients essentiels des voyages mémorables. Ouvrez-vous à la possibilité que des synchronicités et des moments magiques se produisent pendant votre voyage, en ayant confiance que l'univers conspire pour vous guider vers les bonnes expériences, les rencontres divines, les opportunités inattendues et les moments parfaits. Soyez attentif aux signes, aux coïncidences, aux impulsions intuitives, aux messages qui surgissent tout au long du voyage. Suivez votre intuition, soyez flexible dans vos plans, soyez ouvert aux détours et aux rebondissements inattendus, et permettez-vous d'être surpris par la magie du voyage.

Se Connecter à la Culture Locale et à la Sagesse des Lieux : Un voyage mémorable est enrichi par la connexion à la culture locale et à la sagesse des lieux que vous visitez. Immergez-vous dans la culture locale, goûtez à la gastronomie authentique, apprenez quelques mots et expressions dans la langue locale, interagissez avec les habitants avec respect et curiosité, participez à des activités culturelles et à des traditions locales. Connectez-vous à l'énergie et à l'histoire des lieux que vous visitez, explorez les temples anciens, les monuments historiques, les sites naturels sacrés, les lieux ayant une signification spirituelle et culturelle. L'ouverture à la culture locale et à la sagesse des lieux enrichit votre expérience de voyage et élargit votre conscience.

Explorer la Nature et la Beauté du Monde : La nature et la beauté du monde sont des sources inépuisables d'inspiration, de revitalisation et de connexion spirituelle pendant les voyages. Prenez le temps d'explorer la nature dans vos destinations de voyage, visitez des parcs naturels, des plages paradisiaques, des montagnes majestueuses, des forêts luxuriantes, des déserts mystérieux, des lacs sereins, des rivières impétueuses, des cascades imposantes, etc. Contemplez la beauté de la nature, admirez la grandeur des paysages, respirez l'air pur, sentez l'énergie vitale de la terre, et permettez à la nature de vous revitaliser, de vous inspirer et de vous reconnecter à votre essence.

Pratiquer la Pleine Conscience et la Présence à Chaque Moment du Voyage : La pleine conscience et la présence consciente sont essentielles pour savourer pleinement chaque moment du voyage et créer des souvenirs durables. Soyez présent à chaque expérience, à chaque paysage, à chaque interaction, à chaque sensation, à chaque émotion, à chaque instant de votre voyage. Déconnectez-vous des distractions technologiques, abandonnez les préoccupations concernant le passé et le futur, et plongez-vous complètement dans le moment présent. Observez avec curiosité et admiration, savourez avec tous vos sens, appréciez la beauté des détails, et enregistrez les souvenirs dans votre cœur et dans votre esprit avec une attention pleine et une présence consciente.

S'ouvrir à la Transformation Personnelle et à la Croissance Intérieure à Travers le Voyage : Soyez ouvert à la transformation personnelle et à la croissance intérieure que les voyages magiques et les expériences mémorables peuvent apporter. Permettez au voyage de vous défier, de vous inspirer, de vous questionner, de vous élargir et de vous transformer. Sortez de votre zone de confort, affrontez vos peurs, dépassez vos limites, apprenez des nouvelles cultures et perspectives, remettez en question vos croyances et vos présupposés, et ouvrez-vous à la sagesse que le voyage a à vous offrir. Les voyages transformateurs sont des catalyseurs de croissance personnelle et d'expansion de la conscience.

Exprimer de la Gratitude et de l'Appréciation pour Chaque Expérience du Voyage : La gratitude et l'appréciation amplifient la magie et la beauté des voyages mémorables. Exprimez de la gratitude pour chaque expérience, pour chaque paysage, pour chaque rencontre, pour chaque moment de joie, pour chaque défi surmonté, pour chaque apprentissage acquis, pour chaque synchronicité observée, pour chaque souvenir créé. Reconnaissez et appréciez la richesse et la beauté de votre voyage, célébrez chaque moment précieux, et enregistrez les souvenirs dans votre cœur avec une profonde gratitude et appréciation.

Pratiques pour Cocréer des Voyages Magiques et des Expériences Mémorables :

Pour intégrer les principes de la cocréation consciente dans vos voyages magiques et vos expériences mémorables, expérimentez les pratiques suivantes :

Méditation du Voyage Magique et Mémorable : Réservez des moments quotidiens pour la méditation du voyage magique et mémorable. Asseyez-vous en silence, respirez profondément et visualisez-vous en train d'embarquer pour le voyage de vos rêves, de vivre des moments magiques, d'explorer des endroits incroyables, de vous connecter à des personnes inspirantes et de créer des souvenirs inoubliables. Répétez des affirmations de voyages magiques et d'expériences mémorables pendant la méditation, et sentez l'émotion de l'aventure, de l'enthousiasme et de la joie remplir votre cœur.

Journal du Voyage Magique et Mémorable : Tenez un journal du voyage magique et mémorable, où vous notez quotidiennement vos intentions, vos visualisations, vos affirmations, vos synchronicités, vos moments magiques, vos expériences mémorables, vos intuitions, vos apprentissages et vos expressions de gratitude pendant votre voyage. Notez les détails qui rendent votre voyage spécial, les émotions que vous ressentez, les souvenirs que vous créez et les transformations que vous vivez. Le journal du voyage magique devient un trésor de souvenirs précieux et un témoignage du pouvoir de la cocréation consciente dans vos aventures.

Tableau de Vision du Voyage Magique et Mémorable : Créez un tableau de vision du voyage magique et mémorable, un panneau visuel qui représente votre voyage de rêve, les expériences que vous souhaitez vivre, les lieux que vous voulez explorer, les personnes que vous désirez rencontrer et les souvenirs que vous souhaitez créer. Collez des images, des phrases, des mots, des symboles, des couleurs et des objets qui représentent la magie, l'aventure, la beauté, la découverte, la transformation, la connexion, la joie et les souvenirs inoubliables que vous souhaitez manifester dans votre voyage. Placez votre tableau de vision dans un endroit visible et inspirez-vous-en quotidiennement, en vous visualisant en train de vivre le voyage magique et mémorable que vous êtes en train de cocréer.

Listes de Gratitude du Voyage : Créez des listes de gratitude du voyage avant, pendant et après votre voyage. Avant le voyage, faites une liste de tout ce que vous remerciez déjà par anticipation pour votre voyage, pour les opportunités, les expériences, les souvenirs, les synchronicités, la magie et la transformation que vous allez vivre. Pendant le voyage, faites des listes quotidiennes de gratitude pour chaque moment précieux, pour chaque expérience enrichissante, pour chaque rencontre inspirante, pour chaque paysage époustouflant, pour chaque synchronicité observée. Après le voyage, faites une liste finale de gratitude pour tout le voyage, pour les souvenirs inoubliables, pour les apprentissages transformateurs et pour la magie que le voyage a apportée à votre vie.

Partager les Intentions et les Expériences de Voyage avec un Partenaire de Cocréation : Si vous voyagez avec un partenaire, un ami ou un membre de votre famille, partagez vos intentions de cocréer un voyage magique et mémorable avec votre compagnon de voyage. Discutez de vos visions de voyage idéal, partagez vos attentes, inspirez-vous mutuellement à vous ouvrir à la magie et à la synchronicité, et célébrez ensemble les expériences mémorables que vous cocréez tout au long du voyage. La cocréation en partenariat peut amplifier la magie et la joie du voyage, le rendant encore plus spécial et enrichissant pour tous les participants.

Cocréer des voyages magiques et des expériences mémorables, c'est transformer vos aventures en voyages de l'âme, en opportunités de croissance personnelle, d'expansion de la conscience, de connexion avec la beauté du monde et de création de souvenirs précieux pour la vie. En appliquant les principes de la cocréation consciente à vos voyages, en projetant des intentions claires, en visualisant la magie, en utilisant des affirmations valorisantes, en cultivant des émotions positives, en vous ouvrant à la synchronicité, en vous connectant à la culture locale et à la nature, en pratiquant la pleine conscience et en exprimant de la gratitude, vous pouvez transformer vos voyages en véritables aventures transformatrices, en voyages remplis de moments magiques, de rencontres inspirantes et d'expériences inoubliables qui nourrissent votre âme et élargissent vos horizons. Commencez dès aujourd'hui à cocréer vos voyages magiques et vos expériences mémorables, et préparez-vous à explorer le monde avec des yeux émerveillés, un cœur ouvert et une âme aventureuse !

Chapitre 26
Libérer le Potentiel Créatif

La créativité et l'innovation sont des forces motrices de l'évolution humaine, nous permettant de résoudre des défis, de concevoir de nouvelles idées et de transformer notre réalité de manière unique et impactante. Loin d'être le privilège de quelques-uns, le potentiel créatif est une capacité innée présente en chacun, attendant d'être éveillée, nourrie et dirigée consciemment. En comprenant et en appliquant les principes de la co-création consciente, il devient possible de libérer cette capacité, favorisant des solutions originales et innovantes dans divers domaines de la vie personnelle, professionnelle et collective.

Souvent, nous nous limitons à des approches conventionnelles et à des solutions standardisées, oubliant le pouvoir de la créativité et de l'innovation pour transformer notre réalité. La bonne nouvelle est que les solutions créatives et l'innovation peuvent être co-créées consciemment, tout comme n'importe quel autre domaine de notre expérience. En appliquant les principes de la co-création consciente au domaine de la créativité, nous pouvons libérer notre potentiel créatif inné, générer des idées originales et innovantes, et manifester des solutions créatives aux défis que nous rencontrons dans la vie personnelle, professionnelle et collective.

La Créativité comme Force Vitale de la Conscience : Exprimer l'Originalité Divine

Il est important de comprendre que la créativité est une force vitale de la conscience, une expression de notre nature divine, une manifestation de l'originalité, de la spontanéité et de l'infinité de l'univers à travers nous. La créativité ne se limite pas aux arts ou aux domaines considérés comme « créatifs », mais imprègne tous les domaines de la vie, de la résolution de problèmes quotidiens à l'innovation scientifique, technologique, sociale, artistique ou spirituelle. En essence, nous sommes tous des êtres créatifs, avec la capacité innée de générer des idées originales, de trouver des solutions innovantes et d'exprimer notre singularité dans le monde.

La co-création consciente de solutions créatives et d'innovation est donc un processus de connexion avec notre source intérieure de créativité, de libération des blocages mentaux et émotionnels qui inhibent notre potentiel créatif, d'alignement avec l'énergie de l'inspiration, et de permission pour que les idées innovantes circulent librement à travers nous. C'est un processus d'éveil du génie créatif qui réside en soi, de confiance en sa capacité innée à générer des solutions originales, et de collaboration consciente avec l'intelligence créative de l'univers.

Principes pour Co-créer des Solutions Créatives et l'Innovation :

Pour co-créer des solutions créatives et l'innovation dans n'importe quel domaine de votre vie, nous pouvons appliquer les principes suivants de la co-création consciente :

Intention Claire pour la Solution Créative et l'Innovation :

Commencez par définir des intentions claires et spécifiques pour la solution créative et l'innovation que vous souhaitez co-créer. Demandez-vous : « Quel type de solution créative est-ce que je souhaite manifester ? Quel type de problème est-ce que je souhaite résoudre de manière innovante ? Quel type d'idée originale est-ce que je souhaite générer ? Quel type d'impact créatif est-ce que je souhaite avoir dans le monde ? Quel type d'innovation est-ce que je souhaite co-créer ? ». Définissez des intentions claires et spécifiques, en vous concentrant sur la qualité d'originalité, d'innovation, d'efficacité, de beauté et d'impact positif que vous souhaitez que votre solution créative manifeste.

Visualiser des Solutions Créatives et Innovantes :

Utilisez la visualisation créative pour projeter des images vives et détaillées des solutions créatives et innovantes que vous souhaitez manifester. Visualisez la solution émerger clairement et complètement dans votre esprit, imaginez les détails, les mécanismes, les résultats, l'impact positif que votre solution va générer. Visualisez-vous en train d'avoir des intuitions créatives, de connecter des idées de manière originale, de découvrir des solutions inattendues, d'expérimenter des moments d'« Eurêka ! » et d'inspiration divine. Impliquez tous vos sens dans la visualisation, en voyant, entendant, sentant, flairant et goûtant l'expérience de co-créer des solutions créatives et l'innovation.

Affirmations pour la Créativité et l'Innovation :

Utilisez des affirmations positives et stimulantes pour programmer votre esprit subconscient avec des croyances de créativité, d'innovation et de génie. Exemples d'affirmations : « Je co-crée des solutions créatives et innovantes avec facilité et joie », « Je suis un canal pour la créativité divine et l'innovation originale », « Les idées créatives et innovantes circulent librement à travers moi », « Je suis naturellement créatif et ingénieux », « Je trouve des solutions innovantes à tous les défis que je rencontre », « Je suis reconnaissant(e) pour ma créativité innée et ma capacité à innover ». Répétez ces affirmations quotidiennement, avec conviction et émotion positive, pour renforcer votre projection mentale.

Cultiver des Émotions Positives d'Inspiration, de Curiosité et d'Enthousiasme Créatif :

Cherchez à cultiver et à maintenir des émotions positives associées à l'inspiration, à la curiosité et à l'enthousiasme créatif, comme la joie, la passion, l'enthousiasme, l'admiration, la fascination, le contentement, la liberté, la légèreté et la spontanéité. Sentez ces émotions remplir votre corps et vibrer dans chaque cellule de votre être pendant que vous vous consacrez à des activités créatives, pendant que vous cherchez des solutions innovantes, pendant que vous explorez de nouvelles idées, pendant que vous vous connectez à votre source intérieure de créativité. Les émotions positives élèvent votre fréquence vibratoire, syntonisant votre esprit avec l'énergie de la créativité et de l'innovation, et renforçant votre capacité à générer des idées originales.

Faire Taire l'Esprit Critique et S'ouvrir au Flux Créatif :

L'esprit critique, le jugement, l'autocensure et la peur de l'échec sont les plus grands ennemis de la créativité. Faites taire l'esprit critique, apprenez à observer vos pensées sans jugement, et ouvrez-vous au flux créatif de votre intuition, de votre imagination et de votre spontanéité. Permettez-vous d'explorer des idées sans censure, même celles qui semblent étranges, absurdes ou « hors des sentiers battus ». Libérez-vous du besoin de perfection, de la peur de vous tromper ou d'être critiqué, et faites confiance à votre capacité à générer des idées originales, même si elles ne sont pas parfaites à première vue. Le flux créatif s'épanouit en l'absence de jugement et dans la liberté de l'expérimentation.

Stimuler la Curiosité, l'Exploration et l'Expérimentation :

La créativité est nourrie par la curiosité, l'exploration et l'expérimentation. Cultivez votre curiosité innée, remettez les choses en question, posez des questions, explorez de nouveaux domaines de connaissance, intéressez-vous à des thèmes variés, défiez vos propres croyances et présupposés. Expérimentez de nouvelles approches, de nouvelles techniques, de nouveaux outils, de nouvelles perspectives, de nouvelles façons de faire les choses. Explorez différents champs de la créativité, des arts visuels à la musique, à l'écriture, à la danse, au théâtre, à la cuisine, au jardinage, à la science, à la technologie, à l'innovation sociale, etc. La curiosité, l'exploration et l'expérimentation élargissent votre esprit, enrichissent votre répertoire créatif et ouvrent des portes à l'innovation.

Se Connecter à l'Inspiration de la Nature et de l'Art :

La nature et l'art sont des sources inépuisables d'inspiration créative. Connectez-vous à la nature, observez la beauté, la complexité, la diversité et l'harmonie des écosystèmes naturels, inspirez-vous des formes, des couleurs, des motifs, des sons et des rythmes de la nature. Exposez-vous à l'art sous toutes ses formes, visitez des musées, des galeries d'art, des concerts, des pièces de théâtre, des spectacles de danse, des films, lisez des livres, écoutez de la musique, appréciez la beauté et l'expressivité des œuvres d'art créées par d'autres. La nature et l'art nourrissent l'âme créative, éveillent l'imagination et inspirent la génération de nouvelles idées.

Pratiquer le Brainstorming, le Mind Mapping et d'Autres Techniques Créatives :

Utilisez des techniques de brainstorming, de mind mapping et d'autres outils créatifs pour stimuler la génération d'idées, la connexion de concepts, l'exploration de solutions innovantes et l'organisation de la pensée créative. Le brainstorming permet de générer un grand nombre d'idées librement, sans jugement, stimulant l'association libre de concepts et l'explosion créative. Le mind mapping aide à organiser les idées de manière visuelle et hiérarchique, facilitant l'identification de schémas, de connexions et de nouvelles perspectives. Explorez différentes techniques créatives et découvrez celles qui s'adaptent le mieux à votre style de pensée et à vos processus créatifs.

Créer un Environnement Créatif et Inspirant :

L'environnement physique et mental influence profondément la créativité. Créez un environnement créatif et inspirant autour de vous, tant dans votre espace de travail que dans votre foyer. Organisez votre espace de travail de manière à promouvoir la concentration, la fluidité et l'inspiration. Décorez l'environnement avec des couleurs vibrantes, des objets inspirants, des œuvres d'art, des plantes, de la lumière naturelle, et des éléments qui vous motivent et stimulent votre créativité. Minimisez les distractions, le bruit et le désordre, créant un espace qui favorise la concentration, l'introspection et le flux créatif.

Collaborer avec la Créativité Collective et le Feedback Constructif :

La créativité n'est pas un processus isolé, mais elle s'épanouit aussi dans la collaboration et l'interaction avec les autres. Partagez vos idées avec d'autres personnes, cherchez des retours constructifs, participez à des brainstormings en groupe, collaborez à des projets créatifs, rejoignez des communautés créatives. La diversité des perspectives, l'échange d'idées, le feedback constructif et l'énergie de la collaboration collective peuvent amplifier votre créativité, générer des solutions plus innovantes et enrichir votre processus créatif.

Chapitre 27
Co-créer la Manifestation de Rêves

Co-créer la manifestation de rêves spécifiques est un processus conscient qui combine intention, alignement énergétique et action inspirée pour transformer des désirs profonds en réalité tangible. Chaque objectif, qu'il soit matériel, professionnel, relationnel ou personnel, peut être atteint en affinant la clarté de l'intention, en surmontant les croyances limitantes et en appliquant des techniques avancées de visualisation et d'affirmation. En maîtrisant ces principes et en intégrant la manifestation au flux naturel de la vie, il devient possible d'attirer et de concrétiser avec précision ce qui résonne véritablement avec votre essence.

Souvent, nous avons des rêves et des désirs profonds, mais nous sentons que leur réalisation est hors de notre portée, dépendante de facteurs externes ou de la chance. La bonne nouvelle est que la manifestation de rêves spécifiques peut être co-créée consciemment, avec intention, concentration, persévérance et la maîtrise de techniques avancées. En apprenant à affiner notre intention, à surmonter les obstacles internes et externes, à accélérer le processus de manifestation et à maintenir l'alignement énergétique avec notre rêve, nous pouvons devenir des maîtres de la manifestation consciente, capables de concrétiser les objectifs qui résonnent véritablement avec notre âme.

La Manifestation de Rêves Spécifiques comme Art et Science : Combiner Intention et Technique

Il est important de comprendre que la manifestation de rêves spécifiques est à la fois un art et une science. C'est un art parce qu'elle requiert intuition, créativité, sensibilité énergétique, foi et abandon au flux de la vie. C'est une science parce qu'elle se base sur des principes universels, des lois de l'esprit et de l'univers, des techniques spécifiques et des pratiques cohérentes. Maîtriser l'art de la manifestation de rêves spécifiques implique de combiner l'intuition et la technique, l'inspiration et la discipline, la foi et l'action, l'abandon et l'intention, créant une synergie puissante qui propulse la réalisation de vos objectifs.

La co-création consciente de la manifestation de rêves spécifiques est donc un processus d'intention focalisée, d'alignement énergétique, de dépassement des résistances, d'action inspirée et de culture de la foi et de la gratitude. C'est un processus qui consiste à devenir un maître de sa propre réalité, capable d'utiliser les outils de l'esprit et de l'univers pour transformer ses rêves les plus profonds en réalité tangible.

Principes et Techniques Avancées pour Co-créer la Manifestation de Rêves Spécifiques :

Pour co-créer la manifestation de rêves spécifiques et atteindre des objectifs concrets, nous pouvons appliquer les principes et techniques avancées suivants de la co-création consciente :

Intention Spécifique, Claire et Émotionnellement Chargée : La première étape cruciale pour la manifestation d'un rêve spécifique est de définir une intention claire, spécifique et émotionnellement chargée. Il ne suffit pas d'avoir un désir vague ou un objectif générique ; il faut clarifier exactement ce que vous désirez manifester, avec le plus de détails possible, et vous connecter émotionnellement à la réalisation de ce rêve, en ressentant la joie, l'enthousiasme, la gratitude et l'accomplissement comme si votre rêve était déjà une réalité présente. Plus votre intention sera spécifique, claire et émotionnellement chargée, plus votre projection mentale sera puissante et plus la manifestation sera rapide.

Visualisation Détaillée et Multisensorielle du Rêve Réalisé : La visualisation détaillée et multisensorielle est une technique avancée de manifestation qui amplifie le pouvoir de votre intention. Ne vous limitez pas à visualiser votre rêve comme une image statique ou abstraite ; créez une scène vivante et détaillée de votre rêve déjà réalisé, en impliquant tous vos sens dans la visualisation. Voyez-vous en train de profiter de votre rêve, entendez les sons de l'environnement, ressentez les sensations physiques, sentez les odeurs, goûtez les détails de l'expérience. Plus votre visualisation sera riche, détaillée et multisensorielle, plus votre projection mentale sera puissante et efficace.

Affirmations Puissantes et Personnalisées pour le Rêve Spécifique : Les affirmations puissantes et personnalisées sont des outils essentiels pour programmer votre subconscient avec des croyances de réalisation et pour renforcer votre intention de manifestation. Utilisez des affirmations spécifiques et focalisées sur votre rêve concret, formulées de manière positive, au présent, et émotionnellement chargées. Exemples d'affirmations : "Je manifeste [mon rêve spécifique] avec facilité et joie", "Je suis le créateur de ma réalité et je manifeste [mon rêve spécifique] maintenant", "Je vibre à la fréquence de la réalisation de [mon rêve spécifique]", "Je suis reconnaissant(e) d'avoir déjà manifesté [mon rêve spécifique] dans ma réalité", "Je mérite et je reçois [mon rêve spécifique] maintenant et toujours". Répétez ces affirmations quotidiennement, avec conviction et émotion positive, pour reprogrammer votre subconscient et renforcer votre projection mentale.

Scripting Créatif et l'"Histoire du Rêve Réalisé" : Le scripting créatif est une technique avancée qui consiste à écrire l'"histoire de votre rêve déjà réalisé", comme s'il s'agissait d'un scénario de film ou d'un récit littéraire. Décrivez en détail ce que serait votre vie, vos émotions, vos expériences, vos sensations, vos relations, votre environnement, votre routine quotidienne, et tous les aspects de votre réalité après la manifestation de votre rêve. Écrivez au présent, avec émotion et détails vivants, comme si vous viviez la réalité de votre rêve en ce moment même. Lisez votre script créatif quotidiennement, en vous sentant reconnaissant et enthousiaste pour la réalité de votre rêve déjà manifesté. Le scripting créatif aide à ancrer votre intention sur le plan mental et émotionnel, renforçant votre projection de manifestation.

Cartes de la Vision Détaillées et Focalisées sur le Rêve Spécifique: La carte de la vision, que nous avons déjà explorée dans les chapitres précédents, peut être un outil encore plus puissant lorsqu'elle est focalisée sur la manifestation d'un rêve spécifique. Créez une carte de la vision dédiée exclusivement à votre rêve concret, en rassemblant des images, des phrases, des mots, des symboles et des objets qui représentent la réalité de votre rêve déjà manifesté dans tous les détails. Divisez la carte de la vision en zones spécifiques de votre rêve, comme les aspects matériels, relationnels, émotionnels, professionnels, personnels, etc., et remplissez chaque zone de détails vivants et inspirants. Placez votre carte de la vision dans un endroit visible et inspirez-vous-en quotidiennement, en vous visualisant vivre la réalité de votre rêve que vous êtes en train de co-créer.

Technique des Sens Augmentés et de la Réalité Virtuelle Mentale : La technique des sens augmentés consiste à intensifier l'expérience sensorielle de la visualisation, en utilisant tous les sens de manière vivante et réaliste. En visualisant votre rêve réalisé, ne vous contentez pas de voir les images dans votre esprit, mais augmentez l'intensité des sensations, en imaginant des couleurs plus vibrantes, des sons plus nets, des odeurs plus intenses, des saveurs plus délicieuses et des textures plus palpables. Créez une "réalité virtuelle mentale" de votre rêve, rendant l'expérience de la visualisation aussi réelle et immersive que possible. Plus votre visualisation sera vivante et sensorielle, plus son impact sur la réalité physique sera puissant.

Surmonter les Croyances Limitantes et les Résistances Internes Spécifiques : Pour la manifestation de rêves spécifiques, il est fondamental d'identifier et de surmonter les croyances limitantes et les résistances internes qui peuvent saboter la réalisation de votre objectif. Demandez-vous : "Quelles sont mes peurs et mes doutes par rapport à la réalisation de ce rêve ? Quelles sont les croyances négatives que j'ai sur la possibilité d'atteindre cet objectif ? Quelles sont les résistances internes qui m'empêchent d'avancer avec confiance et foi vers mon rêve ?". Utilisez les techniques de libération des croyances limitantes que nous avons explorées au chapitre 10 pour démanteler ces croyances négatives et résistances internes spécifiques, en les remplaçant par des croyances stimulantes et des affirmations d'auto-confiance et d'auto-estime.

Accélérer la Manifestation avec des Techniques de Libération Émotionnelle (EFT, Ho'oponopono, Méthode Sedona) : Les techniques de libération émotionnelle, telles que l'Emotional Freedom Techniques (EFT), Ho'oponopono et la Méthode Sedona, peuvent être des outils puissants pour accélérer le processus de manifestation de rêves spécifiques, en libérant les blocages émotionnels, les résistances internes et les énergies stagnantes qui peuvent retarder la réalisation de votre objectif. Explorez ces techniques de libération émotionnelle, apprenez à les utiliser efficacement et appliquez-les régulièrement pour nettoyer le chemin énergétique vers la manifestation de votre rêve, en supprimant les obstacles et en permettant à l'énergie de la réalisation de circuler librement dans votre vie.

Action Inspirée Alignée avec le Rêve Spécifique : La manifestation de rêves spécifiques ne se produit pas seulement sur le plan mental et énergétique ; elle nécessite une action inspirée et alignée avec votre objectif. Soyez attentif aux impulsions de l'action inspirée qui proviennent de votre intuition, de votre cœur et de votre sagesse intérieure, et suivez ces impulsions avec confiance et enthousiasme. Faites de petits pas pratiques et cohérents vers votre rêve, même si le chemin complet n'est pas totalement clair au début. Recherchez des opportunités, des ressources, des contacts et des informations qui peuvent vous rapprocher de votre objectif. L'action inspirée est le moteur qui propulse la manifestation de vos rêves spécifiques dans la réalité physique.

Abandon Intelligent au Flux Divin et Confiance dans le Timing Parfait : Bien que l'intention focalisée et l'action inspirée soient essentielles, la manifestation de rêves spécifiques requiert également un abandon intelligent au flux divin et une confiance dans le timing parfait de l'univers. Libérez l'attachement excessif au résultat et le besoin de contrôler chaque détail du processus de manifestation. Ayez confiance que l'univers conspire en votre faveur pour vous guider vers la réalisation de votre rêve, au moment parfait et de la manière la plus appropriée. Permettez-vous de suivre le rythme naturel de la vie, acceptez les rebondissements inattendus, faites confiance à la sagesse de l'univers et gardez une foi inébranlable que votre rêve est en train de se manifester, même s'il n'est pas encore visible sur le plan physique.

Célébrer les Petites Victoires et Exprimer une Gratitude Continue : Tout au long du voyage de la manifestation de rêves spécifiques, il est fondamental de célébrer les petites victoires et d'exprimer une gratitude continue pour chaque pas, chaque progrès, chaque synchronicité, chaque opportunité, chaque bénédiction qui se présente sur le chemin de la réalisation de votre objectif. Reconnaissez et appréciez les signes que votre rêve est en train de se manifester, même s'ils sont petits et subtils. La gratitude amplifie l'énergie de la manifestation, attire davantage de bénédictions dans votre vie et renforce votre foi et votre confiance dans le processus de co-création consciente.

Pratiques Avancées pour Co-créer la Manifestation de Rêves Spécifiques :

Pour intégrer les principes et les techniques avancées de la co-création consciente dans votre voyage de manifestation de rêves spécifiques, essayez les pratiques suivantes :

Méditation de la Manifestation du Rêve Spécifique : Réservez des moments quotidiens pour la méditation de la manifestation du rêve spécifique. Asseyez-vous en silence, respirez profondément et visualisez-vous en train de vivre la réalité de votre rêve déjà manifesté, en utilisant la technique des sens augmentés et de la réalité virtuelle mentale. Répétez des affirmations puissantes et personnalisées pour votre rêve spécifique pendant la méditation, et ressentez l'émotion de la réalisation, de la joie et de la gratitude remplir votre cœur.

Séances de Scripting Créatif Intensives : Programmez des séances de scripting créatif intensives pour écrire l'"histoire de votre rêve réalisé" de manière détaillée, vivante et émotionnellement chargée. Consacrez du temps et de l'énergie à vous plonger dans l'écriture de votre script créatif, en explorant tous les aspects de la réalité de votre rêve déjà manifesté, et en permettant à l'émotion de la réalisation de vous remplir complètement. Lisez votre script créatif à voix haute, avec conviction et enthousiasme, en vous sentant reconnaissant et enthousiaste pour la réalité de votre rêve déjà manifesté.

Création d'un Autel de la Manifestation du Rêve Spécifique: Créez un autel de la manifestation du rêve spécifique, un espace sacré dédié exclusivement à la manifestation de votre objectif concret. Placez sur l'autel votre carte de la vision détaillée, des objets symboliques qui représentent votre rêve, des cristaux qui amplifient l'énergie de la manifestation, de l'encens, des bougies, des fleurs et d'autres éléments qui résonnent avec votre intention. Consacrez du temps quotidiennement à votre autel de la manifestation, en méditant, en visualisant, en affirmant, en écrivant dans votre journal de la manifestation et en vous connectant à l'énergie de la réalisation de votre rêve.

Techniques de Libération Émotionnelle Quotidiennes (EFT, Ho'oponopono, Méthode Sedona) : Incorporez des techniques de libération émotionnelle dans votre routine quotidienne, en consacrant du temps à pratiquer l'EFT, Ho'oponopono ou la Méthode Sedona pour libérer les blocages émotionnels, les résistances internes et les énergies stagnantes qui peuvent retarder la manifestation de votre rêve spécifique. Utilisez ces techniques chaque fois que vous ressentez des peurs, des doutes, des insécurités, des croyances limitantes ou des émotions négatives qui peuvent saboter votre voyage de manifestation.

Partenaire de Manifestation de Rêves Spécifiques et Mastermind de la Réalisation d'Objectifs : Trouvez un partenaire de manifestation de rêves spécifiques ou rejoignez un groupe de mastermind de la réalisation d'objectifs, pour partager vos intentions, vos progrès, vos défis, vos apprentissages, et pour recevoir et offrir du soutien, des encouragements, des retours d'expérience et un brainstorming créatif. L'énergie collective, la sagesse partagée et le soutien mutuel d'un groupe de mastermind peuvent amplifier votre capacité à co-créer la manifestation de rêves spécifiques et accélérer la réalisation de vos objectifs.

Co-créer la manifestation de rêves spécifiques, c'est maîtriser l'art de la projection consciente à un niveau avancé, en se transformant en un maître de sa propre réalité et en concrétisant les objectifs qui résonnent véritablement avec son âme. En appliquant les principes et les techniques avancées de la co-création consciente à la manifestation de rêves spécifiques, en affinant votre intention, en visualisant avec détails, en utilisant des affirmations puissantes, en écrivant des scripts créatifs, en créant des cartes de la vision focalisées, en utilisant des techniques de libération émotionnelle, en suivant l'action inspirée, en vous abandonnant au flux divin et en célébrant les petites victoires avec gratitude, vous pouvez transformer vos rêves les plus profonds en réalité tangible, manifester les objectifs que votre cœur désire, et vivre une vie pleine d'épanouissement, de but et de joie. Commencez dès aujourd'hui à co-créer la manifestation de vos rêves spécifiques, et préparez-vous à assister à la magie de la transformation de votre vision en réalité concrète !

Chapitre 28
Co-créer au-delà de l'Individuel

La co-création va au-delà de la sphère individuelle et se renforce exponentiellement lorsqu'elle est réalisée en communauté, orientée vers le bien commun. Lorsque des personnes s'unissent avec des intentions alignées et un but partagé, elles forment un champ énergétique puissant capable de générer des changements significatifs dans la société. En cultivant la coopération, l'harmonie et la vision collective, il devient possible de manifester des réalités plus justes, durables et prospères, bénéficiant non seulement aux personnes impliquées, mais à toute l'humanité.

Souvent, nous nous concentrons sur nos objectifs et désirs individuels, oubliant le pouvoir de l'union et de la collaboration pour créer un monde meilleur pour tous. La bonne nouvelle est que co-créer en communauté et pour le bien commun est une possibilité réelle et accessible, grâce à l'application consciente des principes de la co-création collective. En apprenant à aligner nos intentions avec celles des autres, à cultiver l'harmonie et la coopération dans les groupes, à projeter des visions partagées et à agir ensemble pour un but plus grand, nous pouvons devenir des co-créateurs conscients d'un avenir plus positif et prospère pour toute l'humanité.

La Co-création Collective comme Force de Transformation Globale : Unir les Intentions pour le Bien Commun

Il est fondamental de comprendre que la conscience collective de l'humanité est une force puissante qui façonne la réalité de notre monde. Nos pensées, croyances, intentions et émotions collectives, lorsqu'elles sont dirigées consciemment vers le bien commun, ont le pouvoir de transformer nos sociétés, nos communautés, notre planète et notre avenir. La co-création collective n'est pas une utopie lointaine, mais une réalité émergente, propulsée par la conscience croissante de l'interconnexion, de l'interdépendance et de la responsabilité partagée qui nous unit en tant qu'êtres humains.

La co-création consciente en communauté et pour le bien commun est donc un processus d'alignement des intentions collectives, de cultivation de l'harmonie et de la coopération dans les groupes, de projection de visions partagées pour un avenir meilleur, et d'action conjointe et inspirée pour manifester cet avenir désiré. C'est un processus d'éveil à notre pouvoir de co-créateurs collectifs, d'union des forces pour le bien commun, et de construction d'un monde plus juste, pacifique, durable, prospère et harmonieux pour tous les êtres.

Principes et Stratégies pour Co-créer en Communauté et pour le Bien Commun :

Pour co-créer en communauté et pour le bien commun, manifestant des changements positifs à grande échelle, nous pouvons appliquer les principes et stratégies suivants de la co-création consciente collective :

Intention Collective Claire et Alignée avec le Bien Commun : Le premier pas essentiel pour la co-création collective efficace est de définir une intention collective claire et alignée avec le bien commun de tous les participants et de la communauté au sens large. Il ne suffit pas d'avoir un groupe de personnes réunies ; il faut que le groupe définisse consciemment un but commun, une vision partagée, un objectif collectif qui profite à tous et qui soit en résonance avec des valeurs universelles telles que la paix, la justice, l'harmonie, la durabilité, la prospérité, la santé et le bien-être. Plus l'intention collective est claire, alignée et axée sur le bien commun, plus la co-création du groupe sera puissante.

Cultiver l'Harmonie, la Coopération et la Communication Consciente dans le Groupe : L'harmonie, la coopération et la communication consciente sont fondamentales pour le succès de la co-création collective. Il est nécessaire de cultiver un environnement de respect, de confiance, d'empathie, d'écoute active, de dialogue ouvert, de collaboration authentique et de résolution pacifique des conflits au sein du groupe. Promouvoir la diversité des perspectives, valoriser les contributions de chaque membre, célébrer les talents individuels et collectifs, et construire une synergie positive qui renforce l'énergie et l'efficacité de la co-création du groupe. L'harmonie, la coopération et la communication consciente créent la base d'une co-création collective puissante et transformatrice.

Visualisation Collective et Partagée de la Réalité Désirée pour le Bien Commun : La visualisation collective et partagée amplifie le pouvoir de l'intention du groupe et renforce la projection mentale de la réalité désirée pour le bien commun. Réalisez des séances de visualisation guidée en groupe, où tous les membres imaginent ensemble la réalité qu'ils souhaitent co-créer pour la communauté, pour la société ou pour la planète. Utilisez des images vives et détaillées, impliquant tous les sens dans la visualisation, et synchronisez les émotions positives du groupe sur la fréquence de la réalisation de la vision partagée. La visualisation collective et partagée crée un champ énergétique puissant qui impulse la manifestation de la réalité désirée à grande échelle.

Affirmations Collectives et Unifiées pour le Bien Commun : Utilisez des affirmations collectives et unifiées pour programmer le subconscient du groupe et renforcer la projection mentale de la réalité désirée pour le bien commun. Créez des affirmations spécifiques et axées sur l'intention collective, formulées de manière positive, au présent, et chargées émotionnellement, qui résonnent avec les valeurs et les objectifs partagés du groupe. Exemples d'affirmations collectives : "Nous co-créons un monde de paix, de justice et d'harmonie pour tous", "Notre communauté prospère dans la prospérité, la santé et le bien-être", "Nous manifestons des solutions durables et innovantes pour les défis de notre planète", "Nous sommes des co-créateurs conscients d'un avenir meilleur pour l'humanité", "Nous vibrons sur la fréquence de l'amour, de la compassion et de l'unité, manifestant le bien commun pour tous les êtres". Répétez ces affirmations en groupe régulièrement, avec conviction et émotion positive, pour renforcer votre projection mentale collective.

Création de Symboles, Rituels et Pratiques Collectives de Co-création : La création de symboles, rituels et pratiques collectives de co-création renforce l'identité du groupe, la cohésion interne et l'énergie de la manifestation collective. Développez des symboles visuels, sonores ou gestuels qui représentent l'intention collective et la vision partagée du groupe. Créez des rituels de connexion, d'alignement des intentions, de visualisation collective, d'affirmations unifiées et de célébration des progrès et des réalisations du groupe. Incorporez des pratiques régulières de méditation en groupe, de brainstorming créatif collectif, de mind mapping partagé et d'autres techniques de co-création collective qui résonnent avec l'énergie et le but du groupe. Les symboles, rituels et pratiques collectives renforcent le lien du groupe et amplifient le pouvoir de la co-création collective.

Action Collective Inspirée et Alignée avec le Bien Commun : La co-création collective ne se limite pas au plan mental et énergétique ; elle requiert une action collective inspirée et alignée avec l'intention et la vision partagée du groupe. Soyez attentifs aux impulsions de l'action inspirée qui émergent de l'intuition collective, de la sagesse du groupe et de l'orientation intérieure de chaque membre, et suivez ces impulsions avec courage, enthousiasme et collaboration. Définissez des plans d'action concrets et réalistes, répartissez les tâches et les responsabilités, coordonnez les efforts, et avancez ensemble vers la manifestation de la réalité désirée pour le bien commun. L'action collective inspirée est le moteur qui impulse la transformation de la vision partagée en réalité tangible dans le monde.

Leadership Serviteur et Responsabilisant dans la Co-création Collective : Le leadership serviteur et responsabilisant est essentiel pour guider et faciliter le processus de co-création collective de manière efficace et harmonieuse. Le leader serviteur n'est pas un chef autoritaire, mais un facilitateur, un catalyseur, un inspirateur, un connecteur et un serviteur du groupe. Le leader serviteur écoute activement les besoins et les visions de chaque membre, favorise la participation et la responsabilisation de tous, facilite la communication et la collaboration, gère les conflits de manière pacifique et constructive, et guide le groupe avec sagesse, intégrité et compassion vers la réalisation de l'intention collective. Le leadership serviteur et responsabilisant renforce la cohésion du groupe, maximise le potentiel créatif collectif et garantit que la co-création collective soit un processus inclusif, participatif et bénéfique pour tous.

Se Connecter avec des Réseaux et Communautés de Co-création Consciente : Pour étendre l'impact de la co-création collective et renforcer votre propre pratique, il est important de se connecter avec des réseaux et communautés de co-création consciente qui partagent des valeurs, des buts et des intentions similaires. Participez à des rencontres, événements, ateliers, webinaires, plateformes en ligne et réseaux sociaux dédiés à la co-création consciente collective, échangez des expériences, partagez des connaissances, collaborez à des projets communs, et construisez des alliances et des partenariats avec d'autres co-créateurs conscients. La connexion avec des réseaux et communautés de co-création consciente élargit votre perspective, renforce votre motivation, étend votre portée et multiplie l'impact de votre co-création collective.

Se Concentrer sur le Bien Commun et la Contribution au Monde : Le principe fondamental de la co-création en communauté est de se concentrer sur le bien commun et la contribution positive au monde. Assurez-vous que l'intention collective, les actions du groupe et les résultats de la co-création soient toujours alignés avec des valeurs éthiques, des principes universels et le bien-être de tous les êtres. Cherchez à créer des solutions qui bénéficient non seulement au groupe, mais aussi à la communauté au sens large, à la société, à la planète et aux générations futures. La co-création consciente en communauté est une opportunité de transcender les intérêts individuels et égoïstes et de contribuer de manière significative à la construction d'un monde meilleur pour tous.

Célébrer les Progrès Collectifs et Exprimer la Gratitude pour la Co-création en Communauté : Tout au long du chemin de la co-création collective, il est fondamental de célébrer les progrès et les réalisations du groupe et d'exprimer la gratitude pour l'opportunité de co-créer en communauté et pour le bien commun. Reconnaissez et appréciez les efforts de chaque membre, célébrez les étapes franchies, partagez les succès, et exprimez la gratitude pour l'énergie, la sagesse et le pouvoir de la co-création collective. La célébration et la gratitude renforcent l'esprit d'union, la motivation du groupe, et l'énergie de la manifestation collective, impulsant la co-création continue de changements positifs à grande échelle.

Pratiques pour Co-créer en Communauté et pour le Bien Commun :

Pour intégrer les principes et stratégies de la co-création consciente collective dans vos initiatives communautaires et projets de bien commun, expérimentez les pratiques suivantes :

Réunions d'Alignement des Intentions Collectives : Organisez des réunions régulières d'alignement des intentions collectives avec votre groupe ou communauté. Utilisez ces réunions pour clarifier et affiner l'intention collective, pour discuter et résoudre les défis, pour partager les progrès, pour inspirer et motiver les membres, et pour renforcer le lien et la cohésion du groupe. Incorporez des pratiques de méditation en groupe, de visualisation collective, d'affirmations unifiées et de brainstorming créatif collectif dans les réunions d'alignement des intentions collectives.

Création d'un "Espace Sacré Collectif" Virtuel ou Physique : Créez un "espace sacré collectif" pour votre groupe, qu'il soit virtuel (comme un groupe en ligne dédié à la co-création collective) ou physique (comme un lieu de rencontre régulier pour les activités du groupe). Utilisez cet espace sacré collectif pour les réunions, pour les pratiques de co-création collective, pour le partage d'expériences, pour le soutien mutuel, et pour la célébration des réalisations du groupe.

Chapitre 29
Habitudes et Pratiques Continues

Maintenir la cocréation consciente comme partie intégrante de la vie exige un engagement continu envers des pratiques et des habitudes qui soutiennent l'expansion de la conscience et la manifestation intentionnelle. Plus qu'une technique, il s'agit d'un style de vie qui se consolide par la répétition disciplinée de rituels quotidiens, l'alignement mental et émotionnel, et une attitude de présence et de gratitude. En intégrant la cocréation dans tous les domaines de l'existence, elle devient un flux naturel, permettant à chaque expérience quotidienne de renforcer la maîtrise de la manifestation et le pouvoir de l'intention consciente.

Souvent, nous commençons des pratiques de développement personnel avec enthousiasme et motivation, mais avec le temps, la routine, les défis et les distractions de la vie quotidienne peuvent faire en sorte que ces pratiques se diluent, se perdent ou deviennent sporadiques. La bonne nouvelle est que maintenir la cocréation consciente tout au long de la vie est possible et enrichissant, grâce à la consolidation d'habitudes et de pratiques continues qui renforcent votre maîtrise de la projection consciente et qui soutiennent la transformation de votre réalité de manière cohérente et durable. En créant une routine de pratiques de cocréation consciente, en cultivant des habitudes mentales, émotionnelles et comportementales qui résonnent avec les principes de la projection consciente, et en intégrant la cocréation consciente dans tous les domaines de notre vie, nous pouvons maintenir vivante la flamme de la cocréation, élargir notre potentiel de manifestation et vivre une vie de plus en plus pleine, consciente et alignée avec nos rêves les plus profonds.

La Cocréation Consciente comme Style de Vie : Un Engagement Continu envers l'Expansion de la Conscience

Il est important de comprendre que la cocréation consciente n'est pas une destination finale à atteindre, mais plutôt un voyage continu d'expansion de la conscience, d'auto-amélioration, de croissance personnelle et de manifestation de notre réalité désirée. Maintenir la cocréation consciente tout au long de la vie est donc un engagement continu envers ce voyage, un dévouement persistant à la pratique, à l'apprentissage, à l'évolution et à l'intégration des principes de la projection consciente dans toutes les dimensions de notre expérience. C'est un engagement à vivre consciemment en tant que cocréateurs de notre réalité, à assumer la responsabilité de notre pouvoir de projection, et à utiliser ce pouvoir de manière sage, intentionnelle et alignée avec le bien le plus élevé.

Habitudes et Pratiques Continues pour Maintenir la Cocréation Consciente tout au Long de la Vie:

Pour maintenir la cocréation consciente comme un style de vie permanent, soutenant votre maîtrise de la projection consciente tout au long de votre voyage, nous pouvons incorporer les habitudes et pratiques continues suivantes dans notre routine quotidienne et hebdomadaire :

Méditation Quotidienne de la Cocréation Consciente : Un Rituel Matinal d'Alignement : La méditation quotidienne de la cocréation consciente est une habitude fondamentale pour maintenir vivante la flamme de la projection consciente tout au long de la vie. Réservez un moment spécifique chaque matin, idéalement dès le réveil, pour pratiquer la méditation de la cocréation consciente. Utilisez différentes techniques de méditation que nous avons explorées tout au long du livre, comme la méditation de la visualisation, la méditation des affirmations, la méditation de la gratitude, la méditation de la libération émotionnelle, la méditation de l'inspiration créative, etc. Variez vos méditations, explorez de nouvelles approches, et maintenez la pratique de la méditation quotidienne comme un rituel matinal d'alignement, qui vous connecte à votre intention de cocréer consciemment votre réalité tout au long de la journée.

Révision Quotidienne Consciente des Pensées et Croyances : Un Gardien de l'Esprit : La révision quotidienne consciente des pensées et croyances est une habitude essentielle pour maintenir votre esprit aligné avec la fréquence de la cocréation consciente. Réservez quelques instants tout au long de la journée, en particulier avant de commencer des activités importantes ou difficiles, pour observer consciemment vos pensées et croyances. Identifiez les pensées négatives, limitantes ou désalignées avec vos objectifs et valeurs, et appliquez les techniques de transformation des croyances limitantes que nous avons explorées au Chapitre 10 pour démanteler ces croyances négatives et les remplacer par des croyances stimulantes et des affirmations positives. Transformez la révision quotidienne consciente des pensées et croyances en un "gardien de l'esprit", qui vous aide à maintenir le contrôle sur votre dialogue interne et à diriger votre énergie mentale vers la cocréation consciente.

Visualisation Créative et Affirmations tout au Long de la Journée : Moments de Projection Consciente : Ne vous limitez pas à pratiquer la visualisation et les affirmations uniquement pendant la méditation matinale ; intégrez la visualisation créative et les affirmations positives tout au long de la journée, transformant les moments quotidiens en "moments de projection consciente". Visualisez la réalité désirée pendant que vous attendez dans les embouteillages, pendant que vous marchez, pendant que vous faites la vaisselle, pendant que vous prenez votre douche, pendant que vous attendez dans une file d'attente, etc. Répétez vos affirmations positives mentalement ou à voix basse pendant que vous vous habillez, pendant que vous préparez le café, pendant que vous faites de l'exercice, pendant que vous attendez une consultation, etc. Profitez des petits intervalles de votre journée pour pratiquer la visualisation et les affirmations, transformant des moments apparemment banals en opportunités de renforcer votre projection consciente.

Journal de Gratitude Continue : Un Registre de l'Abondance Quotidienne : Le journal de gratitude continue est une habitude puissante pour maintenir votre énergie alignée avec la fréquence de l'abondance et de la positivité tout au long de la vie. Réservez quelques minutes chaque soir, avant de vous coucher, pour écrire dans votre journal de gratitude. Enregistrez au moins 3 à 5 choses pour lesquelles vous êtes reconnaissant ce jour-là, grandes ou petites, matérielles ou immatérielles, personnelles ou collectives. Rappelez-vous des moments positifs, des réalisations, des bénédictions, des synchronicités, des opportunités, des relations, des apprentissages, et tout ce qui vous a fait vous sentir reconnaissant et apprécié tout au long de la journée. La pratique quotidienne de la gratitude renforce votre mentalité d'abondance, élève votre fréquence vibratoire et attire plus de bénédictions dans votre vie.

Moments de Pleine Conscience et de Présence Consciente : Savourer le Moment Présent : La pleine conscience et la présence consciente sont des habitudes essentielles pour vivre pleinement la réalité cocréée et pour rester connecté au pouvoir du moment présent. Pratiquez la pleine conscience dans toutes vos activités quotidiennes, en prêtant attention à vos sensations, à vos pensées, à vos émotions, à l'environnement qui vous entoure, au goût de la nourriture, au toucher de l'eau, au son des voix, etc. Réservez des moments spécifiques de la journée pour pratiquer la méditation de pleine conscience, en vous concentrant sur la respiration, les sensations corporelles, les sons, les arômes, les saveurs ou tout autre objet d'attention pleine. La pleine conscience et la présence consciente vous permettent de savourer pleinement le moment présent, de réduire le stress, d'augmenter la clarté mentale et de renforcer votre connexion avec votre essence.

Révision Hebdomadaire du Parcours de Cocréation : Réflexion, Planification et Ajustement : La révision hebdomadaire du parcours de cocréation est une habitude stratégique pour maintenir le cap, évaluer les progrès, identifier les défis, planifier les prochaines étapes et ajuster votre approche si nécessaire. Réservez un moment spécifique chaque semaine, idéalement le week-end, pour revoir votre parcours de cocréation de la semaine écoulée. Revisitez votre journal de gratitude, revoyez vos visualisations et affirmations, réfléchissez à vos expériences, identifiez vos succès et vos défis, analysez les schémas qui se répètent, et planifiez vos intentions, objectifs et pratiques de cocréation pour la semaine suivante. La révision hebdomadaire vous permet de rester conscient de votre parcours de cocréation, d'apprendre de vos expériences et d'ajuster votre approche de manière continue et stratégique.

Apprentissage Continu et Expansion de la Conscience : Nourrir l'Esprit et l'Âme : La cocréation consciente est un voyage d'apprentissage continu et d'expansion de la conscience. Restez ouvert à l'apprentissage, explorez de nouvelles connaissances, lisez des livres inspirants, participez à des ateliers, des webinaires, des cours en ligne, des conférences, des événements et d'autres activités qui élargissent votre compréhension de la cocréation consciente et de sujets connexes tels que la physique quantique, les neurosciences, la psychologie positive, la spiritualité, la métaphysique, etc. Nourrissez votre esprit et votre âme avec des connaissances, de la sagesse, de l'inspiration et de nouvelles perspectives, en élargissant continuellement votre conscience et votre maîtrise de la cocréation.

Connexion avec la Communauté de Cocréateurs Conscients : Soutien, Partage et Inspiration Mutuelle: Maintenir la connexion avec la communauté de cocréateurs conscients est fondamental pour le soutien, le partage, l'inspiration mutuelle et le renforcement de votre parcours de cocréation à long terme. Gardez le contact avec votre partenaire de responsabilité, participez à votre groupe de mastermind, rejoignez des communautés en ligne ou en présentiel de cocréation consciente, participez à des événements et des rencontres de cocréateurs, partagez vos expériences, recevez du soutien, offrez des encouragements, échangez des idées, inspirez-vous et motivez-vous mutuellement avec d'autres personnes qui suivent un chemin similaire. La communauté de cocréateurs conscients offre un système de soutien précieux pour soutenir votre parcours et élargir votre potentiel de cocréation.

Flexibilité, Adaptabilité et Compassion envers Soi-même : Danser avec le Flux de la Vie : Le voyage de la cocréation consciente tout au long de la vie n'est pas linéaire ni parfait ; il y aura des hauts et des bas, des défis et des réussites, des moments de clarté et des moments de doute, des périodes de grand flux et des périodes d'apparente stagnation. Il est essentiel de cultiver la flexibilité, l'adaptabilité et la compassion envers soi-même tout au long du voyage. Acceptez les rebondissements inattendus, adaptez vos pratiques si nécessaire, pardonnez-vous les "dérapages" ou les difficultés, célébrez les petits progrès, et persévérez dans votre pratique avec amour, foi et détermination. Rappelez-vous que la cocréation consciente est une danse continue avec le flux de la vie, et que la maîtrise de la projection consciente est un voyage de vie, et non une destination finale.

Célébrer les Réalisations et Exprimer sa Gratitude pour le Voyage Continu : Reconnaître la Magie de la Cocréation dans la Vie: Enfin, il est essentiel de célébrer les réalisations, grandes et petites, tout au long du parcours de la cocréation consciente, et d'exprimer une gratitude continue pour la magie de la manifestation qui se manifeste dans votre vie, pour les bénédictions que vous recevez, pour les transformations que vous vivez, pour la croissance personnelle que vous atteignez, et pour la joie de vivre une vie cocréée consciemment. Reconnaissez et appréciez la beauté, l'abondance et la magie de la cocréation qui se manifeste dans tous les domaines de votre vie, et exprimez votre gratitude pour le privilège d'être un cocréateur conscient de votre propre réalité. La célébration et la gratitude amplifient l'énergie de la manifestation, renforcent votre foi et votre motivation, et enrichissent votre parcours de cocréation consciente tout au long de la vie.

Intégrer la Cocréation Consciente dans Tous les Domaines de la Vie:

Pour maintenir la cocréation consciente comme un style de vie permanent, il est important de l'intégrer dans tous les domaines de votre vie, en appliquant les principes de la projection consciente dans tous les domaines de votre expérience. De la santé et du bien-être, à l'abondance financière et à la prospérité, au foyer harmonieux et à l'espace sacré, aux voyages magiques et aux expériences mémorables, aux solutions créatives et à l'innovation, à la manifestation de rêves spécifiques, à la cocréation en communauté et pour le bien commun, et à tous les autres domaines de votre vie, appliquez consciemment les principes de la cocréation, projetez des intentions claires, visualisez la réalité désirée, utilisez des affirmations stimulantes, cultivez des émotions positives, suivez l'action inspirée, abandonnez-vous au flux divin, et exprimez une gratitude continue. Intégrez la cocréation consciente dans toutes les dimensions de votre existence, la transformant en une façon d'être et de vivre qui se manifeste à chaque instant et dans tous les domaines de votre expérience.

Maintenir la cocréation consciente tout au long de la vie, c'est embrasser un voyage continu de croissance personnelle, d'expansion de la conscience et de manifestation de la réalité de vos rêves. C'est un processus pour devenir un maître de votre propre vie, pour vivre consciemment en tant que cocréateur de votre expérience, et pour danser en harmonie avec l'univers, projetant une réalité pleine de beauté, d'abondance, de joie, de but et d'amour, à chaque instant et dans tous les domaines de votre vie. Commencez dès aujourd'hui à consolider les habitudes et pratiques continues de la cocréation consciente dans votre routine quotidienne, et préparez-vous à assister à une transformation extraordinaire de votre vie, à mesure que vous devenez un maître de la projection consciente et que vous vivez pleinement la réalité que vous choisissez de cocréer, tout au long de votre parcours !

Chapitre 30
Expansion et Nouveaux Horizons

Le voyage de la cocréation consciente ne se termine pas ; il s'étend, révélant de nouveaux horizons et des possibilités illimitées. Chaque pensée, émotion et intention façonne la réalité de manière continue, invitant à l'évolution et à l'amélioration de la manifestation consciente. La maîtrise de la cocréation n'est pas une fin, mais un processus dynamique, une danse constante avec la vie. En embrassant cette expansion, vous vous ouvrez à de nouvelles découvertes, à des défis et à des opportunités, cultivant une existence pleine de sens, de créativité et d'épanouissement.

Il est essentiel de se rappeler que la cocréation consciente n'est pas une destination finale, mais plutôt une danse continue, un processus évolutif et un voyage d'expansion constante. La réalité est en mouvement permanent, en flux constant, en transformation incessante. Tout comme la danse, la cocréation consciente est une expression dynamique, fluide et adaptable, qui s'ajuste aux rythmes de la vie, aux changements de l'environnement, aux nuances des émotions et à l'évolution de la conscience.

L'évolution est inhérente au voyage de la cocréation consciente. À mesure que vous pratiquez, expérimentez, apprenez, réfléchissez et intégrez les principes de la projection consciente, votre compréhension de la cocréation s'approfondit, vos compétences de manifestation s'améliorent, votre confiance en votre pouvoir de cocréateur se renforce, et votre capacité à vivre consciemment la réalité désirée s'étend. Permettez-vous d'évoluer continuellement dans votre voyage de cocréation, embrassez les nouveaux apprentissages, explorez de nouvelles techniques, défiez vos propres limites, et célébrez chaque étape de votre parcours évolutif.

L'expansion est l'essence de la danse de la cocréation. La cocréation consciente vous invite à étendre votre conscience, à élargir vos horizons, à explorer de nouveaux territoires de votre esprit, de votre cœur et de votre âme, et à vous ouvrir à de nouvelles possibilités et à des potentiels illimités. Élargissez votre vision de la réalité, remettez en question vos croyances limitantes, défiez vos propres attentes, embrassez le changement, explorez l'inconnu, et permettez à votre conscience de s'étendre au-delà des limites de votre imagination. L'expansion de la conscience est le carburant qui alimente la danse continue de la cocréation et qui vous propulse vers de nouveaux horizons d'accomplissement et de plénitude.

En conclusion de ce livre, je vous invite à regarder l'avenir avec enthousiasme, espoir et un sentiment de potentiel illimité. Le voyage de la cocréation consciente est une porte d'entrée vers un univers de possibilités infinies, où vos rêves les plus audacieux peuvent devenir réalité, où votre capacité à créer et à manifester est illimitée, et où votre expérience de vie peut être de plus en plus pleine, significative, joyeuse et abondante.

Les nouveaux horizons qui s'ouvrent à vous sont vastes et inexplorés. Continuez à danser avec la projection consciente, à expérimenter de nouvelles techniques, à appliquer les principes de la cocréation dans de nouveaux domaines de votre vie, à défier vos propres limites, à étendre votre conscience, et à découvrir le potentiel illimité qui réside en vous et dans votre capacité à cocréer votre réalité. Ne vous contentez pas de l'ordinaire, du prévisible ou du limité ; osez rêver grand, imaginez l'inimaginable, croyez en l'impossible, et permettez à votre danse de la cocréation de vous mener vers de nouveaux sommets d'accomplissement, d'abondance et de joie, au-delà de tout ce que vous avez jamais imaginé être possible.

Et ainsi, nous arrivons à la fin de cette étape de notre voyage exploratoire de la cocréation consciente. Mais, en vérité, ce n'est que le début d'une danse continue, d'une aventure sans fin, d'un voyage de vie plein de magie, de potentiel et de possibilités. La danse de la cocréation continue, dans chaque pensée, dans chaque émotion, dans chaque intention, dans chaque action, dans chaque moment de votre vie. Maintenant, plus que jamais, vous êtes conscient de votre pouvoir de cocréateur, doté d'outils pratiques et inspiré par des principes transformateurs, et prêt à assumer le rôle de protagoniste dans la création de votre réalité.

Je vous invite à continuer à danser avec la projection consciente, avec joie, enthousiasme, foi, confiance, gratitude, et l'esprit et le cœur ouverts à toutes les infinies possibilités que l'univers a à vous offrir. Que votre danse soit de plus en plus fluide, harmonieuse, créative, abondante, joyeuse, significative, et pleine d'amour. Que votre voyage de cocréation consciente soit une aventure extraordinaire, une expérience transformatrice et une vie richement vécue, à chaque instant et dans toutes les directions.

Avec une profonde gratitude pour votre compagnie dans ce voyage, avec la joie de témoigner de votre éveil en tant que cocréateur conscient, et avec enthousiasme pour les nouveaux horizons qui s'ouvrent à vous, je vous dis au revoir, pour l'instant, en vous souhaitant une danse continue, abondante, joyeuse et infiniment créative dans le voyage de la cocréation de votre réalité consciente !

Avec amour et vœux d'une danse continue et prospère.

www.ingramcontent.com/pod-product-compliance
Lightning Source LLC
LaVergne TN
LVHW040046080526
838202LV00045B/3509